Wilhelm Gemoll

Die Realien bei Horaz

Heft I: Tiere und Pflanzen - Kleidung und Wohnung in den Gedichten des Horaz

Wilhelm Gemoll

Die Realien bei Horaz
Heft I: Tiere und Pflanzen - Kleidung und Wohnung in den Gedichten des Horaz

ISBN/EAN: 9783744638678

Hergestellt in Europa, USA, Kanada, Australien, Japan

Cover: Foto ©Thomas Meinert / pixelio.de

Weitere Bücher finden Sie auf **www.hansebooks.com**

Die
Realien bei Horaz.

Von

Dr. Wilhelm Gemoll,
Gymnasialdirektor in Liegnitz.

Heft 1:

Tiere und Pflanzen — Kleidung und Wohnung
in den Gedichten des Horaz.

Berlin 1892.
R. Gaertners Verlagsbuchhandlung
Hermann Heyfelder.
SW. Schönebergerstraße 26.

Dem Andenken

meiner früh vollendeten Frau

Helene.

Abschnitt I.
Tiere und Pflanzen.

Die Tiere.

Hat Horaz ein eigenes Wort für Tier im Gegensatz zum Menschen? Animal gebraucht er nur einmal: S I 3, 99 cum prorepserunt primis animalia terris, mutum et turpe pecus, und hier bezeichnet es den Menschen nach seiner Leiblichkeit. Portentum schließt den Begriff eines übernatürlichen Geschöpfes (E II 1, 11 qui .. notaque fatali portenta labore subegit, I 22, 13) in sich. Monstrum bedeutet etwas Widernatürliches, sei es eine Erscheinung, einen Vorgang, wie Ep. 16, 30 novaque monstra iunxerit libidine mirus amor, IV 4, 63 monstrumve submisere Colchi maius, I 2, 6 Pyrrhae nova monstra questae*), oder ein Ungetüm, wie I 3, 18 m. natantia. Insbesondere bezeichnet es die Mischwesen, wie die Giganten, III 4, 73 iniecta monstris Terra dolet suis, und mit leichter Übertragung den

---

*) Falsch erklärt Kießling z. b. St.: „Das Bild der Sinflut wird in vier Zügen gezeichnet: Jammer der einzig überlebenden Stammmutter des neuen Geschlechts, Staunen der fabelhaften Ungetüme der Tiefe, Not der Fische, Hilflosigkeit und Angst des Wildes." Ich erkenne nur zwei Züge: Die Tiere des Wassers und die des Landes haben ihren Aufenthaltsort vertauscht (v. 7—12), und das sind die nova monstra, über welche sich Pyrrha beklagt. Richtiger wie Kießling faßt Dr. Gebhard, Gedankengang Horazischer Oden, München, Festgruß des Wilhelmsgymn. 1891 p. 5 die Strophe auf.

Jupiterſtier III 27, 48 m. multum amatum und das Heldenweib Cleopatra I 37, 21 fatale monstrum. Dieſe letzten beiden Beiſpiele zeigen, daß auch der vates biformis II 20, 2 hierher gehört und daß biformis nicht „die Doppeltheit von H. poetiſchem Charakter im äoliſchen Liede und den archilochiſchen Jamben" (Kießling), ſondern den Gegenſatz des menſchlichen Innern zum Äußern der Vogelgeſtalt bezeichnet, wie denn auch biformis*) das für Miſchweſen gebräuchliche Wort iſt, was Kießling ſelbſt a. a. O. von den Kentauren und dem Minotaurus durch Beiſpiele belegt.

Zu berückſichtigen ſind nun noch pecus, belua, fera. Pecus (immer n.) bezeichnet das zahme, in Herden vereinigte Vieh**), cf. III 29, 37. C. S 29. IV 12. 11. Ep. 15, 7. S II 5. 7. E I 12, 12. 14. 42. 16, 75, beſonders I 4, 3 ac neque iam stabulis gaudet pecus, III 18, 9 ludit herboso pecus omne campo, Ep. I, 27 pecusve Calabris ante sidus fervidum Lucana mutet pascuis, Ep. 2, 45 claudensque textis cratibus laetum pecus distenta siccet ubera, Ep. 15, 19 sis pecore dives, S II 6, 14 pingue pecus domino facias, E I 16, 10 si quercus et ilex multa fruge specus iuvet (Schweine), I 2, 7. 8 omne cum Proteus pecus egit altos visere montes (Robben), S II 3, 202 Schafe wegen v. 197, auch wohl Ep. 16, 61 iſt wegen des Gegenſatzes zu dem v. 62 folgenden gregem an Schafe zu denken. Daß der Begriff der Dummheit öfter in pecus gelegt wird, zeigt S I 3, 100 und E I 19, 19 o imitatores, servum pecus.

Im Gegenſatz zu pecus ſtehen belua und fera. Erſteres bezeichnet nur einmal ein Haustier: S II 3, 315 matri denarrat

---

*) Gebhard a. a. O. p. 35 „ich, Schwan und Dichter in einer Perſon (biformis)".

**) Ähnlich Magerſtedt, Bilder aus der röm. Landwirthſchaft. II. Die Viehzucht der Römer. Sondershauſen 1859 p. 1: „Die Tiere, welche auf unſern Villen gehalten werden, nennt man überhaupt Vieh (pecus Cic. off. II 3) und beſtimmt durch Eigenſchaftswörter die gemeinte Gattung (p. volatile Col. VIII 4, lanigerum Verg. A III 642. bucerum Lucret VI 1240, setosum Col. praef. I, equinum Verg. ge. III 72). Nur ausnahmsweiſe für nicht unter der Herrſchaft des Menſchen befindliche Tiere gebraucht Mart. V 37, 5."

ut ingens belua cognatos eliserit, denn bei Babrius 28, 1 steht βοῦς πίνων. Sonst bedeutet belua das Wild, das gejagt (I 12, 22 saevis inimica virgo beluis, Ep. 5, 10 uti petita ferro belua) oder in Fallen gefangen wird (S II 7, 70 quae belua ruptis, cum semel effugit, reddit se prava catenis), einmal Seeungeheuer: III 27, 27 scatentem beluis pontum. Auch wenn es auf Cerberus angewandt wird (II, 13, 34 demittit atras b. centiceps auris) oder auf das römische Volk, dem Horaz zuruft E I 1, 76 b. multorum es capitum, liegt der Begriff ‚wildes Tier‘ zu Grunde. Desgleichen bedeutet fera gewöhnlich ‚Wild‘ cf. Ep. 5, 55 formidolosis dum latent silvis ferae, Ep. 6, 8 quaecunque praecedet fera, Ep. 16, 10 ferisque rursus occupabitur solum, III 3, 41 catulos ferae celent inultae, einmal allgemein ‚Tier‘: S I 3, 109 Venerem incertam rapientes more ferarum, dagegen S I 8, 17 feraeque suetae hunc vexare locum sind nach Ep. 5, 100 die Esquilinae alites zu verstehen.

Das Resultat unserer Untersuchung ist also ein negatives: **ein eigenes Wort für Tier im Gegensatz zum Menschen hat Horaz nicht**, wie denn bestia bei ihm nicht vorkommt.

Wir beginnen jetzt mit den von Horaz erwähnten

Säugetieren

und stellen zuerst die Benennungen der allen oder vielen von ihnen gemeinschaftlichen Teile zusammen. Alle haben **Fleisch** (caro S II 2, 29), **Blut** (sanguis ruber III 13, 7), ein **Fell** (pelles durae Ep. 17, 15, asperae II 20, 10, übertragen detrahere pellem S II 1, 64) und **Glieder** (membra saetosa Ep. 17, 17) und zwar einen **Kopf** (breve caput S I 2, 89) und an ihm das **Gesicht** (facies decora S I 2, 87), das **Maul** (os trilingue II 19, 31. III 11, 20) mit den **Zähnen** (III 20, 10 haec dentis acuit timendos, IV 4, 16 dente novo peritura, Ep. 6, 15 siquis atro dente me petiverit, E II 2, 29 ieiunis dentibus acer), das **Ohr** (Ep. 6, 7 aure sublata), die **Stirn** (III 13, 4 frons turgida cornibus primis, IV 2, 57 fronte curvatos imitatus ignis), vielfach **Hörner** (III 27, 48 cornua frangere, ib. 71 laceranda, C. S 35 bicornis Luna). Es folgt der **Nacken** (S I 2, 89 ardua cervix, E I 2, 64 tenera, E I

3, 34 indomita, E II 3, 1 equina, III 23, 13 securim cervice tinguet), Hals (Ep. 2, 64 collo trahentis languido), Rücken (S I 9, 21 dorsum, E I 10, 38), die Weichen (E I 1, 9 ilia ducere), der Bug (armi pl. S I 6, 106. II 4, 44. 8, 89) mit dem Fuß (S I 2, 88 mollis pes), den Krallen (Ep. 5, 93 ungues curvi, E I 19, 46 acutus, S I 8, 27 unguibus scalpere terram) oder Hufen (Ep. 16, 12 urbem eques sonanto verberabit ungula, S I 1, 114 carceribus missos rapit ungula currus), ferner die Lenden (lumbi S I 5, 22. 6, 106. II 8, 90), das Gesäß (S I 2, 89 pulchrae clunes), der Schwanz (II 19, 30 leniter atterens caudam, E II 1, 45 c. equina, übertragen caudam trahat S II 3, 53), dessen einzelne Haare (E II 1, 45 caudaeque pilos ut equinae paullatim vello) erwähnt werden, endlich das Euter (Ep. 16, 50 tenta ubera, Ep. 8, 8 equina, S I 1, 110 distentius uber) und die Gebärmutter (E I 15, 41 volva ampla).

Unter dem Wild nimmt die erste Stelle ein der Löwe, von dem die Römer zuerst aus griechischem Munde hörten — denn leo ist nach O. Weise, Die griechischen Wörter im Latein, S. 100 ein griechisches Lehnwort — und den die römischen Heere wohl in den punischen Kriegen selbst kennen lernten, das römische Volk erst 186 vor Christo, als M. Fulvius eine venatio leonum et pantherarum (Liv. 39, 22) veranstaltete. So erscheint denn auch in Horaz' Gedichten der Löwe entweder als ausländisches Tier und zwar in Afrika hausend (I 23, 10 Gaetulus leo, III 20, 2 Gaetulae leaenae), wie Mauretanien I 22, 6 leonum arida nutrix heißt, in Griechenland, wo ja nach Herodot VII 125. 126 noch zur Zeit des Xerxes sich viele Löwen fanden, cfr. III 27, 52 (Europe), II 13, 39 (Orion), I 16, 15 insani leonis vim stomacho adposuisse nostro (Prometheus), II 19, 24 leonis unguibus horribilique mala (Bacchus), E II 3, 393 rabidos leones (Orpheus*) und in Asien: III 2, 10

---

*) Bei Presuhn, Pompeji: Die neuesten Ausgrabungen von 1874—1881 für Kunst- und Altertumsfreunde illustriert herausgegeben. 2. Aufl. Leipzig 1882 ist Abt. III Taf. II u. VI Orpheus spielend dargestellt, unter den Tieren um ihn ist auch ein Löwe. Dagegen bei Imhoof-Blumer und Keller, Tier- und Pflanzenbilder auf Münzen und Gemmen des klassischen Alter-

lacessat asperum tactu leonem, denn die ganze hier geschilderte Scene ist in Asien zu denken — oder Horaz schildert den Löwen mit den in der griechischen Dichtung konventionellen Zügen: Ep. 12, 26 quam tu fugis ut... capreaeque leones, III 11, 41 velut nactae vitulos leaenae, Ep. 16, 33 credula nec ravos timeant armenta leones, IV 4, 15 lacte depulsum leonem, Ep. 7, 12 leonibus nunquam nisi in dispar feris, S II 3, 186 ingenuum leonem, E I 1, 73 aegrotus (nach Aesop.).

Wie richtig diese Auffassung der horazischen Schilderung des Löwen ist, geht zur Evidenz aus dem hervor, was er vom Tiger sagt. Tiger*) ziehen den Wagen des Bacchus: III 3, 14 Bacche pater, tuae vexere tigres indocili iugum collo trahentes, werden von Orpheus gezähmt E II 3, 393. III 11, 13, Europe wünscht, eine Beute der Tiger zu werden III 27, 56, andrerseits wird die Feindschaft zwischen Tiger und Hirsch Ep. 16, 31, Lamm E II 3, 13 oder Mensch (I 23, 9 tigris aspera) betont. Und doch wurde der erste lebendig gefangene Tiger nach Dio 54, 9 dem Kaiser Augustus 19 vor Chr. auf Samos vorgeführt, und erst im Jahre 11 vor Chr. wurden Tiger zu Rom nach Plin. 8, 65 Suet. Aug. 43 gezeigt**).

Der Panther (panthera E II 1. 195) war den Römern seit 186 nach Liv. 39, 22 bekannt, der Luchs (II 13, 40 timidos lyncas, IV 6, 33 fugacis) seit dem Jahre 55 nach Plin. n. h. 8, 70 Pompei Magni primum ludi ostenderunt chama, quem Galli rufium vocabant, effigie lupi, pardorum maculis... Hoc animal postea Roma non vidit. Also der gallische Name des Luchses bürgerte sich in Rom nicht ein, sondern die

---

tums, B. G. Teubner 1889, Taf. XXIII 22 finden sich um den spielenden Orpheus nur Reh, Ziegenbock, Rabe und Schmetterling.

*) Bei Imhoof-Blumer und Keller a. a. O. Taf. I 22 ist ein jugendlicher Dionysos dargestellt, mit dem Thyrsosstab in der Rechten, in einem Zweigespann von Panthern gezogen. Offenbar hat Horaz vom Tiger keine rechte Vorstellung gehabt, wenigstens sieht man sich nach einer anschaulichen Schilderung des Tigers, wie sie bei Seneca, Phädra 352. 353 virgatas India tigres decolor horret sich findet, vergebens um.

**) O. Keller, Tiere des klassischen Altertums in kulturhistorischer Beziehung. Innsbruck 1887 p. 133.

augusteischen Dichter borgten von ihren griechischen Vorbildern neben anderen poetischen Requisiten auch den Namen lynx.

Der **Elefantenzahn** muß schon früh auf dem Wege des Handels (I 31, 6 ebur Indicum) oder als Kriegsbeute (E II 1, 193 e. captivum) nach Italien gekommen sein. Zu Horaz' Zeit war das Elfenbein recht verbreitet: es wurde zum Amtssessel der Magistrate gebraucht (E I 6, 53 ebur curule), zur Verzierung der kassettierten Zimmerdecken (II 18, 1), wie denn eboris fabri E II 1, 96 erwähnt werden, und darf nach E II 2, 180 unter dem Besitz eines Reichen nicht fehlen. Das Tier selbst erwähnt der Dichter nur zweimal: Ep. 12, 1 mulier nigris dignissima barris und E II 1, 196 sive elephas albus volgi converteret ora, aber so, daß man sieht, der gewöhnliche Elefant, der in Rom nach Seneca de brev. vit. 13, 3 im J. 275 zum erstenmale gezeigt wurde, erregte bei den Zeitgenossen des Dichters kein Aufsehen mehr.

Das **Kamel***) (E II 1, 195 camelus) und die **Giraffe** (beschrieben E II 1, 195 diversum confusa genus panthera camelo) kamen beide erst**) im J. 46 nach Rom, cf. b. Afric. 68, 4 camelis XXII regis abductis und Plin. 8, 69 camelopardalis dictatoris Caesaris Circensibus ludis primum visa Romae. Dagegen der **Affe** muß schon früh in Rom bekannt gewesen sein, Ennius Sat. 45 erwähnt ihn, und Horaz S I 10, 18 (simius iste nil praeter Calvum et doctus cantare Catullum) gebraucht das Wort in übertragenem Sinn, um besondere Häßlichkeit zu bezeichnen, cf. Alciphr. I 335. Heindorf zu Hor. S I 10, 18. Bekannt waren den Alten mehrere Arten von Affen, cf. Keller, Tiere des klass. Altertums p. 5 ff., doch ist „unter simia (us) zu verstehen der Hundsaffe, auch türkische Affe genannt, Inuus ecaudatus Geoff. cf. Mart. IV 22."***)

---

*) Bei Imhoof-Blumer und Keller, Tafel II 31 ein arabisches, ib. 32 ein baktrisches Kamel.

**) Doch wurde später nach Plin. 28, 91 der Kamelsurin in der Tuchmacherei viel verwendet, cf. Keller, Tiere des klass. Altertums p. 24.

***) Interessant ist es übrigens, daß Griechen, Römer und Ägypter in ihren Benennungen des Affen ihn als den „Nachahmer" charakterisieren. Eine griech. Bezeichnung (neben der sonst gebräuchlichen) für ihn ist μιμώ;

Sicher nie in Rom gesehen wurde das Einhorn, welches die Ausleger S I 5, 56 unter dem equus ferus verstehen, cf. Aelian π. ζ. 3, 41. 4, 52. 16, 20. O. Weise a. a. O. p. 104 citiert Cuviers Wort, daß man bis auf den heutigen Tag vergeblich bemüht gewesen sei, dies Tier aufzufinden. Aus Aelian π. ζ. 4, 52 geht hervor, daß Ctesias die Quelle aller Nachrichten über das Einhorn im Altertum war, die spätern Nachrichten über dasselbe stellt nach Ritters Erdkunde zusammen Lenz, Zoologie p. 226, Anm. Ich mache auf Imhoof-Blumer und Keller, Tier- und Pflanzenbilder Taf. II, 17 aufmerksam, wo ein gezäumter Pferdekopf mit Stierhörnern abgebildet ist. Die Erklärung der Herausgeber „wahrscheinlich der Bukephalos Alexanders d. Gr., wie er sich in der Legende gebildet hatte" ist möglich, doch ist die Vermutung, daß sich Horaz sein equus ferus so vorgestellt, nicht an das einhörnige Pferd des Ctesias gedacht habe, nicht zu kühn.

Die bisher erwähnten Tiere sind fremdländische; unter den einheimischen ist der Wolf (lupus, III 27, 3 rava lupa) zuerst zu nennen als das dem Mars heilige Tier (I 17, 9 Martialis lupos, Porph. z. d. St. quos M. ait, quod in tutela Martis sint). Wölfe finden sich zu Horaz' Zeit noch überall in Italien, in den Sabinerbergen (I 22, 9)*), in Apulien (I 33, 6), bei Lanuvium (III 27, 3); sie sind trotz aller Wolfsgruben (E I 16, 50 cantus enim metuit foveam lupus) eine beständige Gefahr für die Herden (Ep. 15, 7 pecori infestus, III 18, 13 inter audacis lupus errat agnos, Ep. 4, 1. 6, 2. 11, 25 pavet acris agna lupos), wie für die Hirsche (I 15, 30. IV 4, 50 cervi luporum praeda rapacium). Sie sind gefährlich durch ihr Gebiß**) (S II 1, 52 dente lupus petit, ib. 55 neque calce lupus

---

daß simia an similis anklingt, zeigt schon die Enniusstelle Sat. 45 simia quam similis turpissima bestia nobis; Keller, Tiere d. kl. A. p. 323 A. 54, „auch das ägyptische Wort für Affe An, Anin, Anan bedeutet Nachahmer".

*) Keller, Tiere des klass. Altert. p. 159 scheint zu glauben, daß Horaz auch hier nach griechischen Mustern arbeitete: „Glücklicher war der Flötenspieler Pythochares, der durch plötzliches starkes Musikmachen das Tier zum schleunigen Rückzug veranlaßte; eine Anekdote, auf welche Horaz in der bekannten Ode Integer vitae anspielt, cf. Älian n. a. XI 28."

**) Keller a. a. O. p. 163 „Von seinen scharfen Zähnen ist ein griech.-

quemquam petit), ihre **Wildheit** Ep. 7, 11 ferus, Ep. 16, 20 rapax, E II 2, 28 vehemens), ihre **Gefräßigkeit** (Ep. 5, 99 post insepulta membra different lupi). Wie innig verwebt dies Tier mit dem Leben des römischen Volkes ist, zeigt der Umstand, daß es im Sprichwort (S II 2, 64 hac urguet lupus, hac canis) und in der Zauberei eine Rolle spielt (S I 8, 42 lupi barbam*) abdiderint furtim terris).

Auch der **Bär** muß zu Horaz' Zeit in Italien noch ziemlich verbreitet gewesen sein, der Dichter erwähnt Ep. 16, 51 als einen Vorzug der Inseln der Seligen: nec vespertinus circumgemit ursus ovile, wie es in seiner apulischen Heimat oft genug vorkam (III 4, 18). Bei den Tierhetzen liebte das Volk die Vorführung von Bären**) (E II 1, 186 media inter carmina poscunt aut ursum aut pugiles: his nam plebecula gaudet), für solche Gelegenheiten hält man ihn in Käfigen gefangen (E II 3, 472 certe furit ac velut ursus, obiectos **caveae** valuit si frangere **clathros** fugat). Wie hier die Wut, so hebt Horaz E I 15, 35 (tribus ursis quod satis esset) die Gefräßigkeit des Bären hervor.

Der **Fuchs** (III 27, 4 Füchsin feta volpes) erscheint immer als der listige (S II 3, 186 astuta, E I 1, 73 cauta), dem nie zu trauen ist (E II 3, 437 nunquam te fallent animi sub volpe latentes).

Dagegen der **Eber** (S II 3, 73 aper, III 22, 7 verres, S I 7, 2 ibrida nach Plin. VIII 213 Mischling von Schwein und Eber, cf. O. Weise p. 96***) wird immer als hitzig (Ep. 2,

---

römisches Pferdegebiß benannt worden: frena lupata Hor. I 8, 7. Soph. Trach. 1260 cf. Schol. z. Verg. ge III 208."

*) Keller a. a. O. p. 170 verweist noch auf Ovid Met. VII 270 (Wolfsfleisch), Parthey, Zauberpapyri S. 52 (Wolfshaare und Knöchel), Lucan VI 688 (Heulen nach Wolfes Art) als für den Wolfszauber beweisende Stellen.

**) Alfred Wiedemann, Herodots zweites Buch mit sachlichen Erläuterungen, Leipzig 1890 p. 294 „Die Römer bezogen ihre Bären aus dem Libanon, daneben nennen sie als Fundort Nordafrika."

***) Die Bache ist erwähnt Ep. 12, 6 ubi lateat sus.

31 acer, Ep. 5, 28 horret capillis ut currens aper*) geschildert. Er haust fern von Menschen (Ep. 16, 20 habitandaque fana apris reliquit) im dichten Gebüsch (III 12, 8 arto latitans fruticeto), daher ist es ein Fehler des Malers: adpingit fluctibus aprum E II 3, 4. Der Eber haut seitwärts (III 22, 7 obliquum meditans ictum) um sich, wird mit dem Jagdspieß abgefangen**) (III 12, 8 celer . . . excipere aprum) oder mit der Hundemeute in Fangnetze gehetzt (Ep. 2, 31 trudit acris hinc et hinc multa cane apros in obstantis plagas), ist aber so stark (E I 18, 51 viribus aprum superare), daß er oft die festen Netze durchbricht (I 1, 28 rupit teretes aper plagas). Der Eber war in ganz Italien häufig (Lucanus S II 8, 6. 3, 234. E I 15, 22, Marsus I 1, 28, Umber S II 4, 39, Laurens S II 4, 42), aber nicht überall von gleichem Werte, der von kräftiger Eichelmast sich nährende umbrische (S II 4, 40 Umber et iligna glande nutritus) wurde am höchsten geschätzt, der in den Laurentischen Sümpfen hausende am niedrigsten (S II 4, 42 Laurens malus est, ulvis et arundine pinguis).

Zur hohen Jagd gehören noch Hirsch und Reh. Von ersterem erscheinen bei Horaz 2 Arten: Damhirsch (I 2, 11 pavidae dammae) und Edelhirsch***) (cervus, I 1, 27 cerva, E I 2, 66 cervina pellis, Hirschkalb hinnuleus, I 23, 1 quaerens pavidam matrem). Es ist aber sehr fraglich, ob Horaz den Damhirsch gekannt hat, der „während des klassischen Altertums in Italien nicht heimisch war und der wahrscheinlich erst im 3. Jahrh. n. Chr. häufiger in den italischen Tiergärten gehalten wurde" (Keller, Tiere b. klass. Altert. p. 74). Bezeichneten doch die Römer mit damma „durchaus nicht ein zu den Hirschen, sondern ein zu den Antilopen gehöriges Tier, technisch eine Art

---

*) Imhoof-Blumer und Keller Taf. XIX 51 ist ein springender Eber mit gesträubten Borsten dargestellt.

**) Imhoof-Blumer und Keller Taf. XIX 59. 60. 63 sehen wir einen Jäger, wie er den Eber abfängt: es scheint ein beliebter Vorwurf der antiken Kunst gewesen zu sein.

***) Imhoof-Blumer und Keller Taf. II 34 Damhirsch von einem Löwen angefallen, II 37 Diana mit Damhirsch (cf. ib. p. 15 „Der Damhirsch ist das stehende Attribut der ephesischen Artemis"), II 38 Edelhirsch.

Antilope, bei Dichtern auch unsere Gemse, cf. Hor. I 2, 12. Mart. I 49, 23" (Keller ib. p. 73) und der „gewöhnliche Römer scheint Antilope und Gemse unter dem Namen damma zusammengeworfen zu haben" (ib. p. 52).

Dagegen den Edelhirsch zu beobachten hatte Horaz in Italien hinreichende Gelegenheit. Er rühmt die Schnelligkeit desselben (II 16, 23 cura ... ocior cervis) und vergleicht das scheue Mädchen, das er liebt, mit dem furchtsamen Hirschkalb *) (I 23, 1). Der Hirsch hat sehr viel Feinde, unter den Tieren — abgesehen vom Pferd in der Fabel des Stesichoros E I 10, 34 — den Wolf (IV 4, 50 cervi luporum praeda, I 15, 29. 30), den Tiger (Ep. 16, 31 iuvet ut tigris subsidere cervis), unter den Menschen den Jäger, der den Hirsch entweder mit Hunden über das Blachfeld jagt, bis er ihn mit dem Jagdspeer erlegen kann (III 12, 7 catus idem per apertum fugientis agitato grege cervos iaculari), oder ihn in Netzen fängt (III 5, 31 extricata densis cerva plagis). Natürlich hat der Hirsch auch vor der Göttin der Jagd keine Ruhe (IV 6, 34 Deliae cervos cohibentis arcu).

Das Reh hielten die reichen Römer wegen seiner Anmut und Zierlichkeit „neben Gemsen und Gazellen gern in ihren Tiergärten, cf. Col. IX praef. u. c. 1, Varro r. r. III 12, 1. Juven. 11, 142" (Keller a. a. O. p. 103). Horaz schildert es gewiß aus eigner Anschauung als friedlich äsend (IV 4, 14 laetis caprea pascuis intenta fulvae matris ab ubere) oder mutwillig spielend (III 15, 12 lascivae similem ludere capreae). Wölfe (I 33, 8), Löwen (Ep. 12, 26) und der Mensch stellen ihm nach, und letzterer ist nicht einmal immer mit dem Wohlgeschmack des Fleisches zufrieden (S II 4, 43 vinea submittit capreas non semper edulis).

Zur niederen Jagd gehört vor allem der nirgends seltene (E I 15, 22) Hase (Ep. 2, 35 pavidus lepus), der zur Winterzeit (I 37, 18. S I 2, 105 leporem venator ut alta in nive sectetur) mit Hunden gejagt (daher vom Jäger sectari S I 2, 105. S II 2, 9, adurguere I 37, 17) oder in Schlingen gefangen wird

---

*) Keller a. a. O. vergleicht noch Anacr. fr. 52 B. Proverb. 5, 18.

(Ep. 2, 35 laqueo). Der Feinschmecker lobte von ihm nur den Bug (S II 8, 89. 4, 44 fecundae leporis armos).

Manche der vorstehend aufgeführten Tiere haben die Zeitgenossen des Horaz in Wildparks (vivaria E I 7, 2) gehalten, was durch Plinius VIII 211 für das 1. Jahrh. v. Chr. bezeugt wird: vivaria horum (sc. aprorum) ceterorumque silvestrium primus togati generis invenit Fulvius Lupinus. Nec diu imitatores defuere L. Lucullus et Q. Hortensius.

Endlich sind hier noch **Maus** (E II 3, 139 ridiculus mus, E I 7, 29 nitedula Haselmaus) und **Wiesel** (mustela E I 7, 32) zu nennen, welches letztere nach Cic. de nat. d. II 6, 17 und Phaedr. I 22, 3 quae tibi molestis muribus purgo domum die Stelle der erst spät aus Ägypten eingeführten und zuerst von Pallabius IV 9, 4 (Contra talpas prodest catos frequentes habere in mediis carduetis, aber auch er setzt sofort hinzu: mustelas habent plerique mansuetas) erwähnten Hauskatze vertritt. Die beiden Todfeinde erscheinen in der von Hor. E I 7, 29 ausgeführten Fabel von der Maus, die hungrig (tenuis) durch eine Ritze in die Kornkammer hineinkroch, nachdem sie sich aber satt gefressen hatte, nicht mehr heraus konnte. Trotzdem aber die Römer Wiesel zur Vertilgung der Mäuse hielten, müssen sie an dem Tier doch Gefallen gefunden haben: die Kinder spannen es an ihre Wägelchen (S II 3, 247 plostello adiungere mures), und die Landmaus und Stadtmaus (S II 6, 80 rusticus urbanum murem mus paupere fertur accepisse cavo e. q. s.) in der bekannten aus dem Griechischen entlehnten Fabel schildert der Dichter selbst mit ebensoviel Witz als Behagen.

Von den **Haustieren** sind nach den Ergebnissen der Sprachvergleichung (cf. O. Weise p. 94) die ältesten Rind, Schaf, Schwein, Ziege, Hund; das Pferd wurde erst später gezähmt. Indes liegt auch die Dienstbarmachung des Pferdes vor der Einwanderung der Italiker in die Apenninhalbinsel, dagegen sind Esel und Maultier den Indogermanen unbekannt und erst auf dem Wege des Handels nach Italien gekommen, und zwar der Esel aus seiner ursprünglichen afrikanischen Heimat durch Phönizier oder Karthager (cf. O. Weise p. 97), das Maultier aus seiner pontischen Heimat durch Phocäer (ib.).

Die Verwendung der Haustiere ist eine vielfache; während aber die lateinische Sprache ein besonderes Wort für das Tier auf der Weide (grex) und vor dem Wagen (iumentum) bildete, fand sie keins für das Vieh vor dem Pfluge. Denn armentum*) hat nach Corssen, Beiträge 241 nichts mit arare zu thun, und der Sprachgebrauch des Horaz bestätigt das durchaus: III 3, 41 dum Priami Paridisque busto insultet armentum, I 31, 6 aestuosae grata Calabriae armenta, Ep. 16, 33 credula nec ravos timeant armenta leones, E I 8, 6. Jumenta braucht der Dichter nur einmal: E I 18, 46 onerata plagis iumenta, desto öfter aber grex. Ziehen wir zunächst die Stellen ab, wo grex übertragen gebraucht wird — S II 3, 44 Chrysippi porticus et grex, E I 4, 16 Epicuri de grege, E I 9, 13 scribe tui gregis hunc, E 16, 37 pars indocili melior grege, I 37, 9 contaminato cum grege turpium morbo virorum und die recht bemerkenswerten III 1, 5 regum timendorum in proprios greges imperium est und I 24, 18 nigro compulerit Mercurius gregi —, so finden wir 1) grex nicht auf die Haustiere beschränkt: E I 3, 19 gr. avium, III 12, 7 fugientis agitato grege cervos, 2) grex fast für jede Art von Haustieren gebraucht: E I 4, 16 Epicuri de grege porcum, III 13, 8 lascivi suboles gregis (v. 3 haedus), S I 3, 110 ut in grege taurus, Ep. 2, 12 mugientium prospectat errantes greges; auch Ep. 16, 50. 62 ist wegen des Gegensatzes von capellae resp. pecori wohl an Kühe zu denken. Es bleiben noch übrig II 16, 33 te greges centum Siculaeque circummugiunt vaccae und III 29, 21 iam pastor umbras cum grege languido quaerit, dort haben wir offenbar ein ἓν διὰ δυοῖν, hier muß grex Rinder und Schafe umfassen.

Ist es nun nach diesem Thatbefunde richtig zu sagen, grex bezeichne vorzugsweise Kleinvieh? grex ist allgemein Herde auf der Weide, armenta aber bedeutet Großvieh.

Das Jungvieh wird C. S. 31 durch fetus, III 18, 4 durch

---

*) Magerstedt, Viehzucht der Römer, Sondershausen 1859 p. 1 „daß der Sprachgebrauch betr. armentum und grex noch nicht feststeht, lehrt Varro II 5, Verg. Aen. VI 38, Ecl. 6, 55."

parvi alumni, III 23, 7 durch dulces alumni bezeichnet, es wird III 23, 7 ff. dem Schutze des Faunus empfohlen. Der allgemeinste Name für Rind ist bos (masc. E I 7, 87 — S II 1, 55 für taurus cf. v. 52 — fem. I 10, 10, Ep. 8, 6 bos cruda, einmal mugientes Ep. 2, 11). Daneben finden sich besondere Namen für Stier (II 5, 3 taurus ruens in venerem, Ep. 12, 17 iners, III 27, 25. 71 dolosus und invisus vom Jupiterstier), junger Stier (III 27, 45 infamem iuvencum, IV 4, 30. übertragen II 8, 21), Kuh (II 16, 33 Siculae vaccae, IV, 2, 53), Färse (iuvenca II 5, 6), Kalb (vitulus II 5, 8. III 11, 41, tener v. IV 2, 54, qua notam duxit niveus videri, cetera fulvus*) IV 2 59. 60, S II 3, 314 — vitula S II 3, 199).

Das Rind dient vorzugsweise zum Ackern (Ep. I 14, 43 optat ephippia bos piger, optat arare caballus), und zwar besonders der Stier (III 13, 11 fessis vomere tauris, Ep. 3, 11 tauris inligaturum iuga, III 6, 43 iuga demeret bobus fatigatis, Ep. 2, 3 rura bobus exercet suis, ib. 63 videre fessos vomerem inversum boves collo trahentis languido, Ep. 1, 25 iuvencis inligata pluribus aratra, E I 7, 87 bos est enectus arando, E I 14, 28 bovem disiunctum curas). Ferner wird das Rind als Opfertier gebraucht (IV 2, 54 me tener solvet vitulus, Ep. 17, 39 seu poposceris centum iuvencos, II 14, 5 si trecenis places Plutona tauris, IV 2, 53 te decem tauri totidemque vaccae solvent, Ep. I 16, 58 deos bove placat). Diese victimae wurden öfter besonders gepflegt und fett geweidet (E I 3, 36 pascitur in vestrum reditum votiva iuvenca), namentlich auf dem Algibus und auf den grasreichen Wiesen um Alba Longa, in der Nähe des Albaner Berges und Sees, cf. III 23, 9—12. Für besondere Fälle sind weiße Opfertiere bestimmt (C. S. 49 vos bobus veneratur albis), die noch keine Arbeit für Sterbliche geleistet haben (Ep. 9, 22 intactas boves)**).

---

*) Die Farben der Rinder s. bei Varro II, 5.
**) Sen. Medea 61. Lucinam nivei femina corporis intemptata iugo placet et aspera. Agam. 364 ff. ad tua coniunx candida tauri delubra cadit nescia aratri nullo collum signata iugo.

Endlich wird vom Dichter das weidende Rind erwähnt (IV 2, 55 vitulus relicta matre qui largis iuvenescit herbis, III 18, 11 in pratis vacat otioso cum bove pagus, IV 5, 17 tutus bos rura perambulat). Auf der Weide herrscht der Stier unumschränkt (S I 3, 110 viribus editior caedebat ut in grege taurus), seine Waffe ist das Horn (S II 1, 52 cornu taurus petit), aber dem stößigen Bullen bindet man Heu um die Hörner (S I 4, 34 faenum habet in cornu, longe fuge).

Das Rindvieh Italiens ist vortrefflich nach Plin. 37, 77, besonders das von Calabrien und Lucanien wird gerühmt, cf. Hor. Od. I 31, 6. Ep. 1, 27. Stat. Silv. III 3, 95. Magerstedt, Viehzucht der Römer, Wiskemann, Die antike Landwirtschaft und das von Thünen'sche Gesetz, Leipzig 1859.

Wie hoch die Alten das Rind schätzten, geht daraus hervor, daß selbst Götter Rinderherden weideten (I 10, 10), daß die Flußgötter in Stiergestalt erscheinen (IV 14, 25 tauriformis Aufidus) und daß in Vergleichen (Ep. 6, 12 parata tollo cornua) und sprichwörtlichen Redensarten (III 21, 18 addis cornua pauperi) auf dies Tier Bezug genommen wird.

Vom Schaf sagt Col. VII 2, 1: ovilli pecoris secunda ratio est, quae prima fit, si ad utilitatis magnitudinem referas. Horaz gebraucht III 23, 14 einen umfassenden Namen für alle Vertreter dieser Spezies: bidentes, an Einzelnamen hat er ovis (E I 7, 86, infirma Ep. 2, 16, pinguis IV 12, 9, pasta Ep. 2, 61), agnus (III 18, 13 inter audacis lupus errat agnos, IV 11, 7. 8 immolato spargier agno, Ep. 4, 1 lupis et agnis quanta sortito obtigit discordia, S II 3, 211 immeritos occidit agnos, E I 13, 13 portes ut rusticus agnum, E II 3, 13 non ut geminentur tigribus agni), agna (I 4, 12 immolare agna, II 17, 32 nos humilem feriemus agnam, Ep. 2, 59 agna festis caesa Terminalibus, Ep. 10, 24 immolabitur agna Tempestatibus, Ep. 12, 26 pavet agna lupos, S I 8, 27 pullam divellere mordicus agnam, S II 3, 214 siquis lectica nitidam gestare amet agnam, ib. 219 si quis gnatam pro muta devovet agna).

Diese Übersicht ergiebt, daß aries bei Horaz fehlt und daß er für das Opferlamm fast immer agna (nur einmal agnus) gebraucht, wie auch Vergil cf. Lersch, Antiquitates Vergilianae p. 170.

Gewöhnlich wurden die Schafherden im Sommer bei Nacht in die Ställe (IV 4, 9 in ovilia demisit hostem, Ep. 16, 50 circumgemit ursus ovile) getrieben und erst früh wieder auf die Weide geführt (Varro r. r. II 2, 10 aestate cum prima luce exeunt pastum), im Winter aber blieben sie ganz im Stall (I 4, 3 ac neque iam stabulis gaudet pecus). Im Gegensatz zu diesen villatici greges (Varro l. l. 8) gab es auch Schafherden, welche Sommer und Winter draußen gehalten wurden, allerdings mit Änderung des Weideplatzes: Varro l. c. § 9 longe enim et late in diversis locis pasci solent, ut multa milia absint saepe hibernae pastiones ab aestivis. Solche Herden wurden bei Nacht in Hürden eingeschlossen (Ep. 2, 45 claudensque textis cratibus laetum pecus). Darnach braucht es kaum der Versicherung, daß die römischen Landwirte sehr viel Schafe besessen haben müssen, sodaß sie ein Verlust, wie ihn die Griechen vor Troja durch den rasenden Ajax erleiden (S II 3 197 mille ovium insanus morti dedit), schwerlich gleich ruiniert hätte.

Was den Nutzen des Schafes betrifft, so wurden Schafmilch und — Käse hoch geschätzt (Col. VII 2, 2 Casei lactisque abundantia non solum agrestes saturat, sed etiam elegantium mensas iucundis et numerosis dapibus exornat), gering das Schaffleisch (E I 15, 35 vilis agnina). Der Hauptwert des Schafes besteht aber in seinem Fell (III 16, 36 pinguia vellera, E I 10 27, vellera lanae Ep. 12, 21), und als die feinwolligsten Schafe galten die oves pellitae oder tectae (Col. VII 2) von Tarent (dulce pellitis ovibus Galaesi flumen II 6, 10), welche nach Varro r. r. II 2, 18 propter lanae bonitatem pellibus integuntur, ne lana inquinetur. Auch Luceria liefert edle Wolle (III 15, 13. 14 lanae prope nobilem tonsae Luceriam cf. Strabo VI 3), wie denn das hochfeine Schaf in ganz Apulien seit alter Zeit recht eigentlich zu Hause ist (Plaut. Truc. III 1, 5).

Die Römer schätzten die Wolle ungemein hoch, sie kleidet den Menschen (II 16, 37 te vestiunt lanae, Col. VII 2, 1 nam id [sc. ovillum pecus] praecipue nos contra frigoris violentiam protegit corporibusque nostris liberaliora praebet velamina), sie wurde selbst von Göttinnen verarbeitet (II 3, 16 sororum fila trium atra, III 12, 3 tibi telas operosaeque Minervae studium aufert), und bei lichtscheuem Zauberwerk ist sie nicht zu entbehren (S I 8, 30 lanea et effigies erat).

Das **Schwein** ist seinem Aussehen nach das Borstenvieh (Ep. 17, 15 saetosa duris exuere pellibus laboriosi remiges Ulixei, scherzhaft übertrieben vom Menschen saetosa frons S I 5, 61), seinem Wesen nach das gierige (avida porca III 23, 4, haec porcis hodie comedenda relinques E I 7, 19) und schmutzliebende Tier κατ' ἐξοχήν (E I 2, 26 amica lato sus, E II 2, 75 lutulenta, übertragen Epicuri de grege porcum E I 4, 16). Als zum Opfer verwandt erwähnt Horaz nur das Ferkel (porcus S II 3, 165. E I 16, 58. E II 1, 143, p. bimenstris III 17, 15, porca III 23, 4).

Für den **Ziegenbock** kennt Horaz 3 Namen: caper (albus III 8, 6, libidinosus Ep. 10, 23) hircus (levis Ep. 16, 34, vilis E II 3, 220, übertragen gravis hircus Ep. 12, 5. S I 2, 27. 4, 92, hircini folles S I 4, 19) und haedus (I 4, 12. III 13, 3. S II 2, 121, tener III 18, 5, ereptus lupo Ep. 2, 60), die allgemein so erklärt werden, daß haedus den jungen, hircus den ältern Bock bezeichne, caper der allgemeine Name sei. Letzteres wird schon dadurch klar, daß die Ziege capella heißt (I 17, 3. Ep. 16, 49. S I 1, 110. E I 7, 86). An den Ziegen hebt Horaz einerseits den häßlichen Geruch hervor (I 17, 7 deviae olentis uxores mariti und übertragen E I 5, 29 olidae caprae), andrerseits das mutwillige Spielen (III 13, 8 lascivi suboles gregis). Ob die Ziegen von den Römern geschätzt wurden, ist nach dem sprichwörtlichen rixatus de lana saepe caprina E I 18, 15 sehr zu bezweifeln.

Dagegen dem **Hunde** (canis acer Ep. 12, 6, oft fem. z. B. praegnans III 27, 2, multa cane Ep. 2, 31, catulus I 1, 27. E I 2, 65, sume catelle S II 3, 259 übertragen) stellt Col. VII 12, 2 das schöne Zeugnis aus: quis famulus amantior domini? quis fidelior comes? quis custos incorruptior? quis excubitor inveniri potest vigilantior? quis denique ultor aut vindex constantior? Dies Lob bestätigt Horaz durchaus, er preist die

Treue des Hundes: catulis fidelibus I 1, 27, amica vis pastoribus Ep. 6, 6, seine Wachsamkeit: III 16, 2 vigilum canum tristes excubiae, weshalb er zum Thürhüter paßt, wie Cerberus der immanis ianitor aulae III 11, 16 ist, seine Schnelligkeit: E I 18, 51 cursu superare canem. Besonders oft gedenkt der Dichter der Jagdhunde (E I 18, 46, venaticus catulus E I 2, 65): Der junge Hund wird an einer ausgestopften Hirschhaut dressirt (E I 2, 65 venaticus, ex quo tempore cervinam pellem latravit in aula, militat in silvis catulus), damit er zunächst lernt, das Wild aufzuspüren (Ep. 12, 4 sagacius unus odoror quam canis acer ubi lateat sus) und sich nicht durch vorgeworfenen Köder von der Fährte abbringen lassen (Ep. 6, 9. 10 tu cum timenda voce complesti nemus, proiectum odoraris cibum), sondern dieselbe aufmerksam und mutig verfolge (Ep. 6, 7 agam per altas aure sublata nives, quaecunque praecedet fera — das Gegenteil ib. 2 ignavus adversum lupos), schließlich fest zupacke, denn das Bellen macht es nicht (S I 2, 128 latret canis, übertragen S I 3, 136 rumperis et latras, E I 18, 18 vere quod placet ut non acriter elatrem?), sondern ein Hund muß Furcht erwecken (E I 17, 30 cane peius et angui vitabit).

Als die besten Hunde galten Molosser- und Lakonerhunde*) (Ep. 6, 5 qualis aut Molossus aut fulvus Lacon, S II 6, 114 domus alta Molossis personuit canibus), und wie mit schönen Hunden Sport getrieben wurde, zeigt der Dichter E II 3, 162, wo als ein allgemeiner Charakterzug der vornehmen römischen Jugend hervorgehoben wird: gaudet equis canibusque.

Trotz alledem haftet schon bei den Alten, wie bei uns, dem Worte „Hund" etwas Verächtliches an (S II 2, 56 cui Canis ex vero ductum cognomen adhaeret), und die zahlreichen herrenlosen Hunde, welche in den Straßen Roms herumschweiften (E II 2, 75 hac rabiosa fugit canis, Ep. 5, 57 adulterum latrent Suburanae canes), waren gewiß so beschaffen, daß auf sie des

---

*) cf. Verg. Ge. III 405. Lucan. Phars. IV 440. Seneca Phaedra 34 teneant acres lora Molossos, ib. 37—39 At Spartanos, genus est audax avidumque ferae, nodo cautus propiore liga. Abgebildet findet man einen Molosserhund bei Imhoof-Blumer und Keller Taf. I 31.

Dichters Bezeichnung canis immundus E I 2, 26 oder das Sprich=
wort: canis a corio nunquam absterrebitur uncto S II 5, 83
paßte, so hungrig, daß sie selbst Totenknochen benagten (ossa ab
ore rapta ieiunae canis Ep. 5, 23), ein Abbild der Hunde,
welchen Hector zum Fraß bestimmt war (Ep. 17, 12 canibus addictum Hectorem) und wohl das Modell für die höllischen Hunde,
welche Horaz (S I 8, 35 infernas errare canis) beim Zauberwerk
auf dem Esquilin erscheinen läßt.

Das Pferd (equus E I 17, 20, equa II 16, 35, um=
schrieben durch matres equorum I 25, 14, caballus S I 6, 59.
103. E I 7, 88. E I 14, 43. E I 18, 36) ist ohne Zweifel das
edelste Haustier. Wie den Göttern (z. B. Juppiter I 34, 7,
Mars III 3, 16, Castor I 12, 26 equis superare nobilis, S II
1, 26 Castor gaudet equis), so leistet es den Menschen seine
Dienste. Daß seine Zähmung später als die der übrigen Haus=
tiere erfolgt ist, lehrt die Sprachvergleichung (O. Weise p. 94),
vielleicht ist eine Erinnerung daran die Fabel des Stesichoros vom
Kampf des Pferdes mit dem Hirsch, welche Horaz E I 10, 34 bis
38 wiedergiebt. Indes daß diese Zähmung immerhin weit zurück=
liegt, lehren die Gedichte Homers, schließlich auch das von Hor.
IV 6, 13 (equo Minervae sacra mentito) erwähnte hölzerne
Pferd.

Die Pferdeliebhaberei war weit verbreitet, sowohl bei den
Griechen (E II 1, 95 studiis nunc arsit equorum Graecia), im
besonderen in Argos (I 7, 9 aptum equis Argos) und Lakonien
(E I 7, 43), während Ithaka für Rossezucht nicht geeignet war
(E I 7, 41 non est aptus equis Ithace locus), als auch bei den
Römern und hier besonders bei der vornehmen Jugend (E II 3,
162), weniger bei denen, quibus est equus (E II 3, 248) d. h.
den Rittern. Berühmt sind die Rosse von Apulien (S I 6, 59
und dazu Porph. Varro II 7, 1. 10, 11). „Gallien hat einen
Schlag von etwas trotzigem Charakter und wildem Wesen, daß
Wolfsgebisse nötig werden, cf. Hor. I 8, 6" (Magerstedt, Die
Viehzucht der Römer, 2. Abteilung, Sondershausen 1860, p. 74),
Siciliens Gestüte befinden sich teilweise in den Händen reicher
Römer (II 16, 35. Magerstedt, ib. p. 72), ein Reitervolk sonder
gleichen sind die Parther (I 19, 11 versis animosum equis

Parthum), während von den Konkanern nichts anderes berichtet wird, als daß sie in barbarischer Weise Pferdeblut trinken (III 4, 34 laetum equino sanguine Concanum).

Die Römer betrachteten das Roß nicht als Wirtschaftstier, selten verlangte man von ihm Dienste, wie die E I 18, 36 (olitoris aget mercede caballum) und E I 14, 43 (optat arare caballus) erwähnten; seine Bestimmung ist eine dreifache: zum Reiten, für die Rennbahn und für den Krieg. Das Reiten (equitare S II 3, 248. I 8, 6, ib. 7 ora temperare frenis, S I 6, 59 circumvectari caballo, E I 17, 20 ut equus me portet) macht gelegentlich auch der Dichter mit: nach Tarent (S I 6, 104) will er auf einem Maultiere, nach Velia und Salernum (E I 15, 11) auf einem Pferde*) reiten. Kriegerische Reitspiele veranstaltet die römische Jugend auf dem Marsfeld (I 8, 5. 7).

Die Wettrennen werden erwähnt in Olympia (I 1, 3. IV 2, 18), auf dem Isthmus (IV 3, 4. 5 non equus impiger curru ducet Achaico victorem cf. v. 8), in Rom (S I 1, 115 instat equis auriga suos vincentibus). Zu guten Rennpferden (E II 3, 84 equum certamine primum) konnte man natürlich nur junge Tiere brauchen (E I 1, 8 solve senescentem mature sanus equum, ne peccet ad extremum ridendus et ilia ducat); befremdlicher scheint es uns, daß man Stuten (II 16, 35 apta quadrigis equa) und Schimmel (S I 7, 8 Barros ut equis praecurreret albis) zu Rennpferden bevorzugte. Daß aber Rennpferde vor allen Dingen gute Beine haben müssen, leuchtet an sich ein; es liegt daher kein Grund vor, S I 2, 86, wo die Sitte erwähnt wird, beim Pferdelauf das Tier in Decken einzuhüllen zum Zweck einer unbeirrten Prüfung der Beine, mit Kießling Threcibus zu schreiben statt des überlieferten regibus. Die Erklärung von regibus und den Nachweis der notwendigen Beziehung auf Rennpferde s. bei Keller Epil. p. 440.

Im Kriege brauchten die Griechen der ältesten Zeit das Pferd zum Ziehen des Zweigespanns (I 15, 9 quantus equis

---

*) Magerstedt, Die Viehzucht der Römer, 2. Abteilung, p. 34 behauptet, daß Horaz auch die Reise nach Brundusium S I 5 auf einem Maultiere gemacht habe; das ist möglich, folgt aber aus v. 47 nicht.

adest sudor, ib. 25 sive opus est imperitare equis, non auriga piger), die Römer natürlich zum Reiten (I 6, 3 navibus aut equis, II 1, 20 fugacis terret equos equitumque voltus, IV 14, 24 frementem mittere equum medios per ignis).

Das Pferd ist zwar an sich gelehrig (docilis E I 2, 64), und edle Abstammung verleugnet sich bei ihm nicht (IV 4, 30 est in equis patrum virtus); dennoch bedarf es der Abrichtung — denn equi frenato est auris in ore E I 15, 13 — diese ist mühevoll (S II 2, 10 equo lassus ab indomito) und darf nicht zu spät erfolgen (E I 2, 64 fingit equum tenera docilem cervice magister ire viam qua monstret eques); als Beginn derselben gilt das vollendete dritte Jahr: III 11, 9 latis equa trima campis ludit exsultim metuitque tangi*). Horaz erwähnt nur die Abrichtung zum Reiten, wie er überhaupt das Reiten als kriegerische Übung hochstellt (I 8, 5. 7), er lobt III 7, 25 einen Jüngling als flectere**) equum sciens, er tadelt III 24, 54 einen andern mit den Worten: equo rudis haerere nescit (cf. S II 1, 15 equo labi).

Das Maultier (mulus E I 6, 61, mula S I 5, 13. 18) wird zum Tragen des Gepäckes benutzt (S I 5, 47 muli Capuae clitellas tempore ponunt, über clitellae cf. E I 13, 8), der Jagdbeute (unus ut e multis populo spectante referret emptum mulus aprum E I 6, 61), des Baumaterials (E II 2, 72 festinat calidus mulis gerulisque redemptor), zum Ziehen des Kahnes auf Kanälen (S I 5, 13. 18) und zum Reiten (S I 6, 104 nunc mihi curto ire licet mulo, mantica cui lumbos onere ulceret atque eques armos). Auch die vor den Wagen gespannten manni (III 27, 7. Ep. 4, 14 Appiam mannis terit, E I 7, 77 impositus mannis, Prop. IV 8, 15. Ovid Am. II 16, 49. Plin. Ep. IV 2, 2. Sen. ep. 87, 10. Lucrez. III 1076) sind Maultiere. Zwar erklären alle Herausgeber die manni für Zelter, Ponys, wohl nach Porphyrio z. III 27, 7 manni equi dicuntur pusilli, quos vulgo burichos vocant, zu Ep. 4, 14 mannos autem equos vulgo burichos appellant oder Veget. r. vet. IV 2

---

*) Lammfromm werden aber auch ältere Tiere selten: S II 1, 20 cui male si palpere, recalcitrat undique tutus.

**) cf. vertere equum I 19, 11, aber Ep. 9, 17 bedeutet es „übergehen zu".

haec eumetria equi convenit staturae honestae ac mediae. Ceterum non dubitatur, in buricis minora ista et in primae formae equis esse maiora. Aber dagegen ist das Zeugnis Martials XII 24, 8 nusquam est mulio, mannuli tacebant, und Victor Hehn⁸ p. 515 und O. Weise p. 35. 96 erklären sich unbedenklich dafür, daß burdo, buricus, mannus aus Gallien importierte Maultierarten bedeuten *).

Der Esel (Horaz hat nur die Deminutivform asellus, aber wenigstens das cognomen Asina E I 13, 8) wird von den Römern für außerordentlich störrisch gehalten, der Dichter nennt ihn taub (E II 1, 199 surdus), böswillig (iniquae mentis S I 9, 20), ungehorsam (male parens E I 20, 15) und meint, daß dies Tier zum Reiten nicht zu dressieren sei: S I 1, 90 infelix operam perdas, ut si quis asellum in campo doceat parentem currere frenis. Die schönsten und größten Esel Italiens finden sich nach Varros (II 6) Zeugnis in Reate, seine Beziehung zu Dionysos zeigt Taf. II 29 bei Imhoof-Blumer und Keller, wo der Gott auf dem Rücken des Tieres ruhend und in der Rechten einen Kantharos haltend dargestellt ist.

Von fischartigen Säugetieren nennt Horaz den Delphin (delphinus E II 3, 30). Von diesem giebt es nach Amand Freiherrn von Schweiger-Lerchenfeld, Das Mittelmeer, Freiburg i. Br. 1888, p. 25, im Mittelmeer 8 Species, wovon 3 in der Abria, aber der regelmäßige Delphin der Alten ist nach Keller, Tiere des klassischen Altertums, p. 210, der Delphinus delphis. Wie beliebt bei den Alten das Tier war, zeigt das Werk von Imhoof-Blumer und Keller, wo er sich unendlich oft abgebildet findet; auch heute noch schützt ihn meist der Aberglaube vor Verfolgungen (nach Schweiger-Lerchenfeld a. a. O.). Für die betr. Horazstelle E II 3, 30: qui variare cupit rem prodigialiter unam, delphinum silvis adpingit, findet sich bei Keller p. 225 eine eigenartige Erklärung: „neben dem Delphinreiter kommt auch eine Konifere vor; dies ist im Grunde nichts andres als der bekannte asiatische Lebensbaum, der Baum des Paradieses. Und

---

*) Schon Wißlemann, Die antike Landwirtschaft rc., 1859, p. 75, sagt: „Die manni stammen von einem Pferd und einer Eselin und waren wegen ihrer Kleinheit beliebt."

damit sehen wir selbst in jenen Bildern einen ursprünglichen tieferen Sinn, über welche Horaz spottet, wenn er davon redet, daß man Delphine in die Wälder male."

Den **Seehund***) deutet Horaz I 2, 7 an: omne cum Proteus pecus egit und vielleicht **Walfische** I 3, 8 monstra natantia, III 27, 27 scatentem beluis pontum, IV 14, 47 beluosus Oceanus.

Vogelartige Säugetiere erwähnt der Dichter nicht.

Die Vögel.

Allgemeine Bezeichnungen für Vögel sind avis, ales und volucris, denn altilis E I 7, 35 bezeichnet das gemästete Geflügel. Da volucris nur einmal vorkommt (S I 8, 6 importunas volucres), so bleiben als gewöhnliche Bezeichnungen nur avis und ales übrig. Ales, von ala abgeleitet, bedeutet zunächst weiter nichts als den beschwingten Vogel. Wenn aber Horaz IV 11, 26 den Pegasus, Ep. 3, 14 den Drachen der Medea ales nennt, desgleichen den Geier des Tityos (III 4, 77. 78 nec Tityi iecur reliquit ales, nequitiae additus custos), den Adler des Prometheus (Ep. 17, 67 Prometheus obligatus aliti), des Ganymed (IV 4, 1 ministrum fulminis alitem), wenn Hektors Leichnam ist addictum feris alitibus (Ep. 17, 11), wie die Esquilinae alites Ep. 5, 100 offenbar Aasvögel sind (v. 99 insepulta membra different), wenn ferner bei Erwähnung der Vogelzeichen so oft ales gebraucht wird (alite lugubri III 3, 61, mala Ep. 10, 1, secunda Ep. 16, 23, potiore IV 6, 23) und als bedeutungsvolle Vögel im allgemeinen die γαμψώνυχες οἰωνοί (Aesch. Prom. 488) galten**), wenn endlich Horaz den Varius I 6, 2

---

*) Eine Abbildung desselben bei Imhoof-Blumer u. Keller, Taf. IV 22, Keller, Tiere b. klass. Altert., p. 197: „der Seehund, welchen die Alten gekannt und beschrieben haben, ist keineswegs der gemeine arktische Seehund, sondern die Phoca monachus, eine noch heute im adriatischen und in den levantinischen Meeren häufige Art, die schwarze Mönchsrobbe des Mittelmeers".

*) Zwar erwähnt Plut. de Pyth. or. 22 auch Reiher und sogar den Zaunkönig: ἀλλ' ἡμεῖς ἐρωδιοῖς οἰόμεθα καὶ τροχίλοις καὶ κόραξι χρῆσθαι φθεγγομένοις σημαίνοντα τὸν θεόν, aber das auf Römer zu übertragen, scheint doch bedenklich, namentlich wenn man Plut. qu. Rom. 93 erwägt: διὰ τί γυπὶ χρῶνται μάλιστα πρὸς τοὺς οἰωνισμούς.

(Maeonii carminis aliti) und II 20, 10. 15 (album mutor in alitem, visam litora Bospori canorus ales) sich selbst als den Singschwan Apollos bezeichnet, so dürfte durch diesen Sprach= gebrauch des Horaz festgestellt sein, daß ales 1) nur einen größeren Vogel, 2) keinen Singvogel bezeichnet. Denn den canorus ales wird man mir nicht vorrücken wollen; diese dichterische Symboli= sierung wiegt um so leichter, als der wilde Singschwan, an den sie geknüpft ist, „nur zwei trompeten= oder glockenähnliche Molltöne, die er meist im Fluge hören läßt, auszustoßen vermag" (Müllenhoff, Deutsche Altertumskunde I, p. 2).

Avis ist das umfassendere Wort; es bezeichnet die ganze Vogelschar, deren gemeinsamer König der Adler ist (IV 4, 2 cui rex deorum regnum in avis vagas permisit). Es hat nur ein= mal (I 15, 5 mala ducis avi domum) Beziehung auf die Auspicien, und S II 3, 73 fiet aper, modo avis, modo saxum et cum volet arbor (Proteus) ist es vielleicht (doch s. E II 3, 187) als „großer Vogel" zu fassen. Sonst bedeutet es den Sing= vogel (Ep. 2, 26 queruntur in silvis aves, III 1, 20 avium cantus somnum reducent, die Nachtigall E II 3, 187) oder den kleinen Vogel, dem die Schlangen nachstellen (Ep. 1, 19 adsidens in- plumibus pullis avis serpentium adlapsus timet, E II 3, 13 non ut serpentes avibus geminentur), der in den Gärten nascht (S I 8, 3 aviumque maxima formido, v. 6 volucris in vertice arundo terret fixa vetatque novis considere in hortis) und den zum Entgelt dafür die Menschen braten: S II 8, 27 cenamus avis.

Den Vogel unterscheidet vom Vierfüßler der Flügel ala (II 17, 25 volucris, S II 1, 58 atra), die Schwungfeder penna (I 3, 35 pennis non homini datis, II 2, 7 aget penna metuente solvi, II 20, 1 non usitata nec tenui ferar penna, III 2, 24 spernit humum fugiente penna, III 29, 53 celeres quatit pennas, IV 2, 2 ceratis ope Daedalea nititur pennis, E I 20, 21 maiores pennas nido extendisse loqueris, E II 2, 50 decisis humilem pennis), die Flaumfeder pluma (II 20, 10 nascuntur leves plumae, Ep. 5, 20. S II 2, 28. E I 3, 19. E II 3, 2 varias inducere plumas, wie auch der Pfau S II 2, 26 cauda picta hat und die eitle Krähe sich mit den bunten Federn der andern Vögel schmücken will E I 3, 20 furtivis nudata coloribus) und vor allem der Flug (IV 4, 8 insolitos docuere nisus venti cf. IV 2, 3 nititur pennis). Ferner bauen sich die Vögel ihr Nest nidus (IV 12, 5 ponit, E I 10, 6 servas, S II 2, 49 tuto ciconia nido, IV 4, 6 nido propulit cf. E I 20, 21, übertragen III 4, 14 celsae nidum Acherontiae), legen Eier ova (columbinum S II 4, 56, sonst ovum allein „Hühnerei", cf. E II 2, 163. Ep. 5, 19, vilia S II 2, 45, die Vorschrift für die Auswahl derselben S II 4, 12 longa quibus facies ovis erit, illa memento, ut suci melioris et ut magis alba rotundis, ponere: namque marem cohibent callosa vitellum, Anfang der Mahlzeit mit Eiern: S I 3, 6 ab ovo usque ad mala, cf. Cic. ad fam. IX 20, 1, Petron. 33). Aus dem Eidotter vitellus (S II 4, 14. 57) entwickeln sich Junge pulli (Ep. 1, 19 implumes) ein Wort, das ebenso wie ovum gewöhnlich*) auf die Hühner beschränkt wird: S I 3, 92. S II 2, 121 bene erat pullo atque haedo, E II 2, 163 accipis uvam, pullos, ova.

Die Kenntnis der einzelnen Vögel haben die Italiker auf höchst verschiedene Weise erlangt. Die Sprachvergleichung lehrt, welche Vögel die Indogermanen in ihrer asiatischen Heimat kannten und welche im europäischen Sprachenkreise hinzugetreten sind. Von erstern begegnen bei Horaz die Gans**) (S II 8, 88 anser alba), der Specht***) (III 27, 15 picus laevus), der Kuckuck (S I 7, 31 cuculus), von letzteren der Kranich†) (S II 8, 87, advena grus Ep. 2, 35), der Schwan (III 28, 15 iunctis oloribus, IV 1, 10 purpureis ales oloribus, später wurde das griechische Lehnwort cycnus volkstümlich: IV 2, 25 Dir-

---

*) Doch hat Hor. S II 3, 314 sogar auch: absentis ranae pullis.
**) Keller, Tiere d. klass. Altert. p. 288: „zur homerischen Zeit scheint die Verbreitung der zahmen Gans noch nicht sehr weit gediehen zu sein." Ib. p. 298: „das Stopfen geht soweit zurück, als die Tradition der römischen Landwirtschaft überhaupt reicht, cf. Cato 89. Col. VIII 7, 1. Varro III 10".
***) ib. p. 284 „unter dem martischen Specht ist der schöne große rothaubige Schwarzspecht zu verstehen". Zu Hor. III 27, 15 cf. Plaut. Asin. II 1, 12.
†) Wiskemann, Die antike Landwirtschaft und das v. Thünensche Gesetz (Jablonowskische Preisschrift), Leipzig 1859, p. 70, behauptet, daß die Kraniche in den ornithones gehalten wurden, und verweist auf Gell. VII 16. Varro III 2, 14.

raeum cycnum, IV 3, 20 donatura cycni sonum), die Droſſel (turdus S II 2, 74. S II 5, 10. edax Ep. 2, 34, macer S I 5, 72, obesus E I 15, 40).

Von den Vögeln, welche erſt die Gräkoitaliker kennen lernten, nennt Horaz die Krähe (cornix vaga III 27, 16, aquae augur annosa III 17, 12. 13, vetula IV 13, 25, cornicula E I 3, 19), den Raben (III 27, 10 oscen corvus, imbrium divina avis imminentum, S II 5, 56 hians, E I 17, 50 tacitus pasci si posset corvus, S I 8, 37 corvorum merdae albae), die Ohreule (strix nocturna Ep. 5, 19), die Schwalbe (hirundo prima E I 7, 13, beſchrieben IV 12, 5—8)*).

Eine ſtattliche, übrigens leicht erkennbare Zahl von Vögeln iſt den Italikern, als ſie ſchon in Italien ſeßhaft waren, importiert worden. Horaz nennt von dieſen das Huhn**) (S II 4, 18 gallina, S II 2, 24 gallina tergore palatum, S I 1, 10 sub galli cantum), die Haustaube (E I 10, 5 vetuli notique columbi, I 37, 18 columba mollis, IV 4, 31 imbellis, Ep. 16, 32. I 2, 10, colombinum ovum S II 4, 56), den Pfau (pavo S I 2, 116. S II 2, 23), das Perlhuhn (Afra avis Ep. 2, 53), das Haſelhuhn (attagen Jonicus Ep. 2, 54), das Schneehuhn (peregrina lagois S II 2, 22). Die erſten 4 ſind nach O. Weiſe p. 108 durch Phönizier den Römern zugeführt, die letzten 2 durch Griechen.

Jetzt läßt ſich erſt überſehen, welche Vögel die Italiker in Italien ſelbſt kennen gelernt und benannt haben. Da finden

---

*) Flebiliter gemens könnte auch auf die Nachtigall gehen, denn Hor. ep. 2, 26 ſchreibt das Klagen allgemein den Vögeln zu, Pauſanias I 41, 9 ſagt, Nachtigall und Schwalben ſingen jämmerlich, die Nachtigall beſonders klagt nach Ov. Faſt. IV 166. am. III 1, 4 ep. Sapph. 152. Martial I 53 10. Entſcheidend iſt hier 1) die Verbindung nidum ponit gemens. Die Nachtigall ſingt nicht beim Neſtbau (cf. Sen. Agam. 705 quae verno mobile carmen ramo cantat tristis aedon Ityn in varios modulata sonos), wohl aber zwitſchert dabei die Schwalbe. 2) Hier kommt es auf Frühlingsboten an, ein ſolcher iſt dem Horaz auch E I 7, 13 die Schwalbe, nirgends die Nachtigall. Keller, Tiere ꝛc., p. 317 macht noch auf Hesiod ἔργα 568 aufmerkſam, wo die Schwalbe frühſeufzend genannt iſt.

**) Keller, Tiere, p. 288 „die Hühnerzucht wurde erſt in der Epoche der Perſerkriege Mode."

wir bei Horaz zunächst den **Adler** (aquila ferox IV 4, 31, tam cernis acutum quam aquila S I 3, 27, genau beschrieben IV 4, 1—12*), den **Habicht** (accipiter I 37, 17. E I 16, 50), den **Weih** (miluus Ep. 16, 32. E I 16, 51), ferner den **Storch** (ciconia S II 2, 49), die **wilde Taube** (palumbes S II 8, 91, fronde nova puerum palumbes texere III 4, 12, nach O. Weise p. 27 ist dies Wort aus einem oskischen Dialekt herübergenommen), der **Grünspecht** oder **Schleiereule** (parra recinens III 27, 1), die **Amsel** (merula S II 8, 91. E II 3, 458), die **Nachtigall****) (luscinia S II 3, 245), den **Taucher** (mergus Ep. 10, 22, suavis S II 2, 51).

Reptilien.

Von der **Schildkröte** sagt Seneca de ben. VII 9, 2 video elaboratam scrupulosa distinctione testudinem et foedissimorum pigerrimorumque animalium testas ingentibus pretiis emptas, in quibus illa ipsa, quae placet, varietas subditis medicamentis in similitudinem veri coloratur. Horaz erwähnt testudo nur in dem Sinn „verarbeitetes und zwar zu Lauten verarbeitetes Schildkrot": III 11, 3. E II 3, 395, aurea IV 3, 17, cava Ep. 14, 11.

Das **Krokodil** (crocodilus) wird nur einmal (Ep. 12, 11) genannt, desgleichen die **Eidechse** (I 23, 6 seu virides rubum dimovere lacertae).

Von den generellen Bezeichnungen der **Schlange** reicht anguis (E II 3, 187) nach O. Weise p. 124 sogar in indogermanische Zeit zurück; draco (IV 4, 11 reluctantes dracones)

---

*) Imhoof-Blumer und Keller, Taf. IV 36. 37 Adler, ein Schaf zerreißend, Taf. V 8 Adler, auf einem Blitze stehend (Goldpentadrachmon des Ptolemaios Soter), Taf. XX 54. 56 Adler entführt Ganymedes. Keller, Tiere ꝛc., p. 237 „der Adler, welchen die Griechen und Römer meistenteils unter ἀετός und aquila verstehen, ist ohne Frage der Gold- oder Steinadler", p. 249 (Raub des Ganymed) „der Adler scheint in diesem Falle entweder der Steinadler zu sein oder der Lämmergeier Gypaëtos barbatus, der größte und stärkste unserer Adler".

**) Keller, Tiere ꝛc., p. 317 „dem Lateiner ist die Nachtigall die in Schnörkeln singende, trillernde, luscinia — luxcinia".

ist griechisches Lehnwort; colubra (viridis I 17, 8, varia S I 8, 42), vipera (Ep. 16, 52, brevibus inligata viperis crinis Ep. 5, 15, atrae III 4, 17, sanguis viperinus I 8, 9, nodo coerces viperino crinis II 19, 19, viperinus cruor Ep. 3, 6) und serpens (S I 8, 34. E II 3, 13, masc. S I 3, 27 serpens Epidaurius, S II 8, 95 Afri serpentes, fem. I 37, 26 asperas serpentes) sind echt lateinische Bildungen. Hydra ist keine allgemeine Bezeichnung, sondern bedeutet (IV 4, 61, dira E II 1, 10) das lernäische Ungetüm.

Aus dem nun, was Horaz über die Schlangen sagt, müssen wir zunächst ein mythisches Element ausscheiden. Dahin gehören die Schlangen im Haar des Bacchus (II 19, 19), der Eumeniden (II 13, 35. 36 intorti capillis Eumenidum angues), des Cerberus (III 11, 18 furiale centum muniant angues caput), der Zauberin Canidia (Ep. 5, 15), dahin das geflügelte Drachengespann der Medea (Ep. 3, 14 serpente fugit alite), dahin die Verwandlung des Cadmus in eine Schlange (E II 3, 187). Es bleibt aber noch genug übrig, um zu erkennen, wie gefährlich dem Dichter die Schlangen erschienen: sie beschleichen brütende Vögel (Ep. 1, 20 adsidens inplumibus pullis avis serpentium adlapsus timet), sie erschrecken das Maultiergespann (III 27, 6 serpens, si per obliquum similis sagittae terruit mannos), vor ihnen fürchtet sich der Mensch (I 8, 9 cautius vitat sanguine viperino, E I 17, 30 angui peius timet, III 10, 18 nec Mauris mitior anguibus).

Hier ist der Ort, kurz auf das einzugehen, was Horaz über die Gifte sagt. Er gebraucht dafür die Worte venenum, toxicum (Ep. 17, 61 velociusve miscuisse toxicum), tabum (Ep. 5, 65 tabo munus imbutum), virus (E II 1, 158 grave). Ein scharfer Unterschied zwischen animalischem und vegetabilischem Gift ist nicht gemacht worden. Das Tarentinum venenum*) E II I, 207, ven. atrum I 37, 27 bezeichnet ersteres, venena Colcha II 13, 8, Colchica Ep. 17, 35, maga Ep. 5, 87 cf. Ep. 3, 5. 5, 22. 62 venena Medeae letzteres. Demnach sind die venena dira (S I 9, 31) nicht zu bestimmen, aber die venenatae

---

*) Hier vom Farbstoff gebraucht.

sagittae (I 22, 3) müssen wegen Ep. 17, 61 toxicum miscuisse erklärt werden als mit vegetabilischem Gift bestrichene Pfeile.

Zu den

Amphibien

gehören die Frösche (ranae S II 3, 314, turpis Ep. 5, 19, palustris S I 5, 14).

Fische.

Die indogermanische Grundsprache weist noch gar keinen Fisch=namen auf, die europäische Grundsprache sehr wenige, darunter den Gattungsnamen des Fisches (O. Weise p. 111). Welch andres Bild zeigen uns die Gedichte des Horaz! Der Fisch (piscis I 2, 9. III 1, 33, vagus S II 4, 77, ater E II 3, 5, mutus IV 3, 19) wird von den Zeitgenossen des Dichters im allgemeinen sehr geschätzt: man fängt ihn mit Angelhaken (E I 7, 74 piscis decurrere ad hamum) oder dem Fangnetz (S II 3, 235 piscis ex aequore verris) selbst zur Winterzeit im Meere (l. l. hiberno ex aequore) oder, falls der Sturm dort den Fang unmöglich macht (S II 2, 17 atrum defendens piscis hiemat mare), in eigens an=gelegten Fischbehältern*). Als einen Vorzug der guten alten Zeit rühmt es Ofellus, daß man sich nicht aufs Land Fische aus Rom kommen ließ (S II 2, 120 bene erat non piscibus urbe petitis); zu Horaz' Zeit gehören teuer gekaufte (piscis averrere cara mensa S II 4, 37), in großen Schüsseln ganz aufgetragene Fische (S II 4, 77 inmane est vitium angusto vagos piscis urgere catino) zu den notwendigen Bestandteilen eines leckern Mahles (S II 8, 27. E I 12, 21), und selbst Horaz erkundigt sich (E I 15, 23) bei Numonius Vala, ob Velia oder Salernum reicher an Fischen sei, um danach seine Wahl für einen Winteraufenthalt zu treffen; ja sogar der Sklave, welcher die Fische abträgt, läßt sich durch die drohende Strafe nicht abhalten, zu naschen (S I 3, 80 patinam qui tollere iussus semesos piscis tepidumque ligurrierit ius).

Als der feinste Fisch galt früher der Stör (acipenser S II 2,

---

*) Varro r. r. III 17, 2 cum piscinarum genera sint duo, dulcium et salsarum, Col. VIII 16, 2 non solum piscinas, quas ipsi construxerat, frequentabant, sed etiam quos rerum natura lacus fecerat, convectis marinis seminibus replebant.

47), zu Horaz' Zeit der **Lippfisch** (scarus S II 2, 22), nur im Osten des Mittelmeeres heimisch (Ep. 2, 50 scari siquos Eois intonata fluctibus hiems ad hoc vertat mare), danach der **Meerbarbe** (mullus trilibris S II 2, 33), die **Steinbutte** (rhombus Ep. 2, 50. S I 2, 116, recens S II 2, 42. 48. 49, grandis S II 2, 95 — eine Delikatesse sind besonders die Eingeweide dieses Fisches: ingustata mihi porrexerat ilia rhombi S II 8, 30), die **Muräne** (murena S II 8, 42), der **Hecht** (lupus procerus S II 2, 36, am geschätztesten der aus der Tiber bei der Insel: l. l. 31 pontisne inter iactatus). Vom **Stachelflunder** (passer S II 8, 29) werden die Eingeweide gerühmt, der **Thunfisch***) (thunnus S II 5, 44) wurde nur eingesalzen genossen. Dies Einsalzen geschah gleich nach dem Fang in eigens hergerichteten cetaria (S II 5, 44).

Die Insekten.

Als Einleitung möge hier bienen **scorpios** (II 17, 17) und **coccum** (rubrum S II 6, 102), weil der Dichter beide Male nicht die Tiere selber meint, sondern dort das Gestirn Skorpion, hier die feurige Scharlachfarbe, welche aus der auf der Kermeseiche in manchen südlichen Ländern lebenden Schildlaus gewonnen wird, und weil es, da das Wort coccum orientalischen Ursprungs ist (O. Weise p. 66), fraglich erscheint, ob Horaz das Tier selbst kennen gelernt hat.

Dagegen aus persönlicher Erfahrung schildert er die bösen **Mücken** (S I 5, 14 mali culices avertunt somnos), gegen die man sich durch Einführung des alexandrinischen **conopium** (Ep. 9, 16), nach Porph. z. b. St. eigentlich eines Mückennetzes, dann aber eines Bettes mit Vorhängen für die Nachtruhe, zu wehren versuchte. Auch **Wanzen** (cimex S I 10, 78), **Schaben** (blatta S II 3, 119) und **Motten** (tinea S II 3, 119, iners E I 20, 12) hatte er sicher Gelegenheit genug aus nächster Nähe kennen zu lernen. Die Römer müssen damals furchtbar von diesem Un-

---

*) Schweiger-Lerchenfeld, Das Mittelmeer, p. 26: „die Thunfische haben für die Anwohner des Mittelmeeres dieselbe Bedeutung, wie die Heringe für den Norden der gemäßigten Zone."

geziefer heimgesucht gewesen sein: die landwirtschaftlichen Schriftsteller geben vielfache Mittel gegen dieselben an, z. B. gegen die Wanzen Varro I 2, 25. Plin. 29, 4, 17, 3. Pallad. I 35, 4; Martial führt es XI 32, 1 als Zeichen äußerster Armut an, daß Nestor nicht einmal ein Bett mit Wanzen (tritus cimice lectus) habe, und schon der Umstand, daß Horaz I 10, 78 ein solches Gleichnis brauchen konnte: men moveat cimex Pantilius?*) beweist, daß er nicht von Tieren sprach, die „da hinten weit in der Türkei" lebten.

Mit größerer Achtung als von den bisher genannten Vertretern dieser Klasse spricht Horaz von der Ameise, die er S I 1, 33 rühmt als parvola magni formica laboris. Aber das größte Interesse bringt er doch, wie die meisten Römer, der Biene entgegen. Vergleicht er sich doch selbst IV 2, 27 mit den apis Matina. Der beste Honig ist nächst dem mythischen in Bacchus' Reich (II 19, 11 truncis lapsa cavis mella) und auf den Inseln der Seligen (Ep. 16, 47) und nächst dem Hymettischen (S II 2, 15 Hymettia mella) bei Tarent zu finden (II 6, 15 ubi non Hymetto mella decedunt) und in Calabrien (III 16, 33 Calabrae mella ferunt apes), der schlechteste ist der sardische (E II 3, 375 Sardo cum melle papaver offendunt). Die Waben ließ man auslaufen und preßte den Rückstand (Ep. 2, 15 pressa puris mella condit amphoris) und brauchte dann den Honig zu vielerlei Dingen, z. B. zur Herstellung des mulsum (S II 4, 24 forti miscebat mella Falerno, Plin. XXII 53) und zur Kuchenbäckerei (E I 10, 11 mellitis placentis), öfter auch zu bösen Thaten (S II 1, 56 mala tollet anum vitiato melle cicuta). Da die Biene „ihr allgemeiner Fleiß zu sammeln und zu schaffen zum Bilde höherer menschlicher Thätigkeit erhob" (Magerstedt, Die Bienenzucht und die Bienenpflanzen der Römer, Sondershausen 1863, p. 72, er führt als Beispiele an Plato Ion. p. 534 B. Hor. Od. IV 2, 27. E I 3, 21. Lucrez. III 11. Ovid. a. a. II 95. Muret. Var. Lect. VIII 1), so lagen Übertragungen hier nahe, z. B. E I 19, 44 manare poetica mella te solum, im be-

---

*) So nannte auch Adrian aus Tyros die Schmähreden seiner Feinde δήγματα κόρεων cf. Philostrat vita Soph. II 10, 3 p. 255 Kaiser.

Insekten. Würmer. Krustentiere und Schaltiere. 31

sonderen war, was dem Herzen erwünscht war, süß wie Honig (S II 6, 32 hoc melli est cf. Plaut. Truc. II 1, 6).

Das Wachs (cera) wurde mannigfach verwandt: zur Herstellung von Wachsmasken Lebender (E II 1, 265 proponi cereus), von Figürchen, die bei der Zauberei verwandt wurden (Ep. 17, 76 cereas imagines, S I 8, 30 cerea effigies), zum Überstreichen der Schreibtafeln (S II 6, 54. E I 6, 62 Caerite cera digni). Zur Andeutung haltloser Schwäche dient das Wachs bei Horaz schon, wie bei uns: E II 3, 163 cereus in vitium flecti.

Von den

Würmern

erwähnt Horaz nur den Blutegel (E II 3, 476 non missura cutem, nisi plena cruoris, hirudo).

Krustentiere und Schaltiere.

Die Krabbe (squilla S II 8, 42) galt besonders in geröstetem Zustande bei den Feinschmeckern als appetitreizend (S II 4, 58 tostis marcentem squillis recreabis potorem).

Eine ganze Anzahl von Muschelarten (concha S II 4, 28 vilis — die Schale zum Salzfaß verwandt S I 3, 14 — conchylia Ep. 2, 49. S II 2, 74. 8, 27, lubrica S II 4, 30, testa S II 4, 31 generosa, S II 8, 53 marina, cochlea S II 4, 59 Afra) führt Horaz an, die meistens gegessen wurden, so die Stachelschnecke*) (murex, am besten von Bajae S II 4, 32), die allerdings häufiger zum Färben benutzt wurde (II 16, 35. Ep. 12, 21. E II 2, 181), wie die Purpurschnecke (purpura) wenigstens zu Horaz' Zeit durchaus (II 16, 7. Ep. 2, 20). Früher allerdings aß man auch diese, sie findet sich in dem Speisezettel einer priesterlichen Antrittsmahlzeit aus der ersten Hälfte des ersten Jahrhunderts vor Chr., den uns Macrob. S III 13, 12 aufbewahrt hat. Es kann also von beiden gelten, was Martial XIII die Stachelschnecke über den undankbaren Menschen klagen läßt:

Sanguine de nostro tinctas, ingrate, lacernas
Induis, et non est hoc satis: esca sumus.

---

*) Imhoof-Blumer und Keller, Taf. VIII 41 pinna nobilis.

Vor allem gehören hierher die **Austern** (ostrea*) S II 2, 21, am besten aus Circeji S II 4, 33), ferner die **Gienmuschel** (Lucrina peloris S II 4, 32), die **Kammmuschel****) (pecten: Sat. II 4, 34 pectinibus patulis iactat se molle Tarentum) und die **Miesmuschel*****) (mitulus S II 4, 28), die allerdings nicht hoch geschätzt wurde, cf. Martial III 60, 3. 4

Ostrea tu sumis stagno saturata Lucrino,
Sugitur inciso mitulus ore mihi.

Endlich gehört hierher die **Perlmuschel**, deren Perlen (gemmae III 24, 48) ein sehr beliebter Schmuck waren.

Das einzige **Weichtier**, welches Horaz anführt, ist der **Tintenfisch** (S I 4, 100 nigrae sucus lolliginis) und der einzige **Stachelhäuter** ist der **Seeigel**†) (echinus E I 15, 23, marinus Ep. 5, 27, inlotus S II 8, 52, die besten von Misenum S II 4, 33).

---

*) Dagegen ist ostrum (III 29, 15. E II 3, 228. Sidonium E I 10, 26) der Purpursaft resp. der mit ihm gefärbte Stoff cf. Vitr. VII 13, 1 incipiam nunc de ostro dicere ... id autem excipitur e conchylio marino, e quo purpura conficitur. ib. 3 quod ex concharum marinarum testis eximitur, ideo ostrum est vocitatum.
**) cf. Imhoof-Blumer und Keller, Taf. VIII 37.
***) ib. Taf. VIII 39 mytilus galloprovincialis. Schweiger-Lerchenfeld l. c. p. 27 „die Miesmuschel ist die Auster der untern Stände und wird in der That von diesen in großen Mengen verspeist", p. 28 „im Port du Bouc bei Marseille wird die Miesmuschel künstlich gezogen".
†) Imhoof-Blumer und Keller, Taf. VIII 42.

Die Pflanzen.

Ein allgemeines Wort für Pflanze hat Horaz nicht, und von den allen Pflanzen gemeinsamen Teilen führt er nur an: **Wurzel** (radix E II 2, 149. 150. Ep. 5, 67 latens in asperis locis), **Stamm** (stirps III 29, 37; truncus II 17, 27, cavus II 19, 11, avolsus III 4, 55, ficulnus S I 8, 1, allerdings sowohl stirps als truncus nur vom Baum gebraucht), **Zweig** (ramus II 3, 11. II 15, 9, inutilis Ep. 2, 13, felicior ib. 14, pinguissimus ib. 55, udus S I 5, 81), **Blatt** (folium S I 5, 81, silvae foliis pronos mutantur in annos E II 3, 60, mobilibus vepris inhorruit foliis I 23, 5, foliis viduantur orni II 9, 8, foliis nemus multis tempestas sternet III 17, 9, foliis vescatur amaris S I 3, 114, Deliis ornatum foliis IV 3, 6. 7, foliis brevioribus ornes E I 19, 26), **Blüte** (flos rosae III 15, 5, flores rosae II 3, 14, cum flore rosarum III 29, 3, flore prior rosae IV 10, 4) und **Frucht** (fructus colligere E I 12, 1, ex re decerpere fructus S I 2, 79, selten frux z. B. I 16, 10).

Von irgend einer systematischen Einteilung der Pflanzen ist natürlich bei Horaz keine Spur, vielmehr scheint er **Bäume**, zu denen er auch die Weinrebe rechnet (I 18, 1), **Sträucher** (fruticetum artum III 12, 8), **Kräuter** und **Blumen** (beide zusammengefaßt als ruris honores I 17, 16 cf. S II 5, 13 quoscunque feret cultus tibi fundus honores) zu unterscheiden.

Von den einzelnen hier in Betracht kommenden Pflanzengruppen behandeln wir zunächst die **Bäume**. Der **Baum** (arbor*)

---

*) serere arborem I 18, 1, arbos II 13, 3, devota arbos III 4, 27, tollelt. III 1, 30 arbore nunc aquas culpante.

I 12, 45. S II 3, 73, aestiva recreatur aura I 22, 18, vidua IV 5, 30, nova collibus arbor inhaeret Ep. 12, 20, auditam moderere arboribus fidem I 24, 14) spendet Schatten (umbra III 29, 21, hospitalis III 24, 21) mit seinem Laub (frons nova III 4, 12, arida I 25, 19, agrestis III 18, 14, varia I 18, 12, nigra IV 4, 58, das Waldesrauschen beschrieben Ep. 2, 27 frondesque lymphis obstrepunt, Laub als Viehfutter E I 14, 28 bovem strictis frondibus exples, als menschlicher Schmuck IV 2, 35 merita decorus fronde, E I 18, 64 alterutrum velox victoria. fronde coronet, E II 1, 110 fronde comas vincti cenant — nemorum coma I 21, 5, comae IV 7, 2, spissae nemorum comae IV 3, 11). Er liefert dem Menschen Holz (lignum E II 3, 399, triste, caducum in caput domini II 13, 11, aridum III 17, 13, vetustum Ep. 2, 43, inutile S I 8, 1, mobile S II 7, 82, ligna I 9, 5. S I 5, 46. E II 2, 169, lucum*) ligna putas E I 6, 32, in silvam non ligna feras insanius S I 10, 34), Knüppel (fustis recisus III 6, 41, salignus S I 5, 23, longus S II 3, 112, formidine fustis E II 1, 154, fuste coerces S I 3, 134, caput fuste dolat S I 5, 23), Ruten (virga horrida I 24, 16), Rinde (levior cortice III 9, 22, als Stöpsel verwandt III 8, 10 corticem adstrictum pice, als Schwimmgürtel S I 4, 120 navis sine cortice).

Solchen Nutzen erwartete man vom arbustum nach Cato r. r. 7, 1 fundum suburbanum arbustum maxime convenit habere et ligna et virgae venire possunt et domino erit qui utatur cf. c. 1 ex., wo wir diese Stufenfolge finden: vinea est prima .., secundo loco hortus irriguus, tertio salictum, quarto oletum, quinto pratum, sexto campus frumentarius, septimo silva caedua, octavo arbustum, nono glandaria silva. Indes zeigt sich der Übergang in der Bedeutung von arbustum aus Baumpflanzung in Weinpflanzung schon bei Cato selbst, in c. 7 fährt er nämlich fort: in eodem fundo suum quidquid conseri oportet arbustoque vitem copulari. Diese neue Be-

---

*) Beiträge zur Erklärung und Kritik des Horaz von Prof. Gerhard Heinrich Müller. Progr. 1889 Straßburg. Lyceum erklärt lucus aus lūicus = Sühnstätte.

beutung „Weinpflanzung" hat arbustum bei Horaz durchaus: III 1, 10 est ut viro vir latius ordinet arbusta sulcis, S I 7, 29 expressa arbusto regerit convicia durus vindemiator et invictus.

Auch wurden häufig die Felder mit Bäumen als Grenzmarken umsäumt, cf. Varro r. r. I 15 praeterea sine saeptis fines praedi satione arborum tutiores fiunt . . . serunt alii circum pinos, alii cupressos, alii ulmos. Horaz erwähnt E II 2, 170 Pappeln: sed vocat usque suum, qua populus adsita certis limitibus vicina refugit iurgia.

Eine ganze Reihe von Bäumen kannten die Römer schon, ehe die hellenische Kultur Einfluß auf Latium gewann, so die Eiche, Buche, Eibe, Ulme, Esche, Fichte, Weide, Erle, Birke, Pappel, ferner den Weinstock, die Feige, Kornelkirsche, Erdbeerbaum, Apfel-, Birn-, Pflaumenbaum (O. Weise p. 129. 128). Nicht alle diese begegnen in den Gedichten des Horaz, aber doch der größte Teil von ihnen.

Die Eiche muß zu der Zeit des Dichters namentlich Unteritalien in weit ausgedehnten Wäldern bedeckt haben, cf. II 9, 7 querceta Gargani laborant, I 22, 4 Daunias latis alit aesculetis. Und gerade für diesen Baum muß Horaz eine große Vorliebe besessen haben: er schildert die auf Felsen erwachsene Eiche, an deren Fuß ein Quell entspringt (III 13, 14), er schildert, wie der Epheu den schlanken Stamm umwindet (Ep. 15, 5 edera procera adstringitur ilex), er rühmt das köstliche Lager unter einer alten Eiche (Ep. 2, 23), und im Gegensatz zu diesen friedlichen Bildern führt er aus, wie der Nordwind die zitternden Eichen knickt (Ep. 10, 8 Aquilo frangit trementis ilices). Da Horaz zweimal (III 23, 10. E I 16, 9) quercus und ilex zusammenstellt, so scheint er sie haben unterscheiden zu wollen, und wenn man die Stellen, wo sie erwähnt werden, prüft (quercus auritas fidibus canoris ducere I 12, 11. 12, aridas IV 13, 9 — duris ilex tonsa bipennibus IV 4, 57, mella cava manant ex ilice Ep. 16, 47 cf. III 13, 14. Ep. 2, 23. Ep. 10, 8. Ep. 15, 5), so läßt sich mit ziemlicher Sicherheit feststellen, daß quercus*)

---

*) Wagler, Die Eiche in alter und neuer Zeit. Eine mythologisch

die Sommer- oder Stieleiche quercus pedunculata, ilex aber die immergrüne Eiche ist, von welcher Wagler p. 5. 6 nicht weniger als 4 Arten aufzählt, von welchen allein in Betracht kommen kann Quercus ilex L. die Steineiche. Dann ist aesculus (III 10, 17 rigida) „wohl die in Italien noch jetzt häufige Speiseeiche quercus Esculus L." *) (Wagler p. 8). „Unter robur verstanden die Römer im engern Sinne eine Eiche mit besonders hartem Holz, also wohl insbesondere die Quercus sessiliflora, unsre Winter- oder Steineiche. Diese wächst in ganz Norditalien" (Wagler p. 7). Indes gebraucht Horaz robur nur in dem Sinn von Eichenholz (I 3, 9. II 13, 19): über die erste dieser Stellen ist man einig, bei der zweiten gehen auch heute noch die Meinungen auseinander, Kießling erklärt robur Italum für das italische Fußvolk, Oesterlen, Komik und Humor bei Horaz, Stuttgart 1885 II 32 behauptet „bei italum robur soll sicher nicht an einen Kerker, sondern an die italischen Kerntruppen gedacht werden", andrerseits verweist Wagler p. 34 auf Liv. 38, 59, 10. Tac. A. 4, 29. Festus s. v. Robus p. 134 robus in carcere dicitur is locus, quo praecipitatur maleficorum genus, quod ante arcis robusteis includebatur; ich meine, daß es mit dem robur Italum im Kießlingschen Sinne damals, als Horaz schrieb, nicht mehr weit her war und daß der pedes Marsus aus I 2, auf den man sich beruft, mehr eine schöne Erinnerung als Wirklichkeit war; ferner gehört Italum doch auch zu catenas, wie Parthi im vorhergehenden Vers auch zu sagittas — was wäre das aber für eine Zusammenstellung: Ketten und Kernvolk der Italiker! Also wir bleiben dabei, daß robur an beiden Stellen, wo es Horaz erwähnt, Eichenholz bedeutet. — Die Eichel (glans S I 3, 100, iligna S II 4, 39) ist als Schweinefutter geschätzt.

---

kulturhistorische Studie. I. Teil. Progr. Wurzen 1891, p. 7. — Zu Ep. 16, 47 vergleicht Wagler Phaedr. 3, 13, 1. Verg. Ge. 2, 452. Ecl. 7, 13. Ov. am. 3, 8, 40. Claudian de raptu Pros. 2, 109, idem in Rufin. 1, 383, zu Hor. II 19, 11 desgl. Verg. Ge. 4, 44. Silius It. 2, 219.

*) Doch soll nicht verschwiegen werden, daß Koch, Die Bäume und Sträucher des alten Griechenlands, Stuttgart 1879, p. 48 den Alten die Speiseeiche abzusprechen scheint: „Wo bei den Alten von Speiseeicheln die Rede ist, können es nur Kastanien gewesen sein."

Die **Ulme** ulmus ist ein bei den Römern sehr beliebter Baum; in ihr nisten Tauben (I 2, 10 nota quae sodes fuerat columbis), und an ihr zieht der Landmann die Weinrebe empor (E I 7, 84 praeparat ulmos, E I 16, 3 amicta vitibus ulmo). Aber der Dichter klagt auch schon, daß die Platane diesen nützlichen Baum zu verdrängen anfange (II 15, 5 platanusque caelebs evincet ulmos).

Denselben Dienst wie die Ulme erweist die **Pappel** (populus alba II 3, 9) der Rebe, cf. Ep. 2, 10 altas maritat populos, auch dient sie als Grenzmarke der Felder (E II 2, 170). Da sie Herculea (Verg. A VIII 276) ist, so setzt sich Teucer am Vorabend seines Auszuges aus Salamis zu Ehren des Geleiters Herakles einen Pappelkranz auf (I 7, 23).

Die **Esche** fraxinus (procera III 25, 16) ist nach O. Weise, p. 129 A. 4 wegen der im Griechischen, Lateinischen und Germanischen gleichmäßig sich findenden doppelten Bedeutung von Baum und Lanze — letzteres bedeutet fraxinus, z. B. Ovid Met. V 143 per utrumque gravi librata lacerto fraxinus acta femur — als ein dem europäischen Zweig der Indogermanen bekannter Baum zu betrachten. Dagegen die Species „**Mannaesche**" ornus (III 27, 58. II 9, 8, veteres agitantur orni I 9, 12) ist den Römern erst in Italien selbst bekannt geworden (Weise p. 131).

Die **Fichte** pinus lieferte gutes Bauholz und diente namentlich zum Schiffsbau (IV 6, 9 mordaci velut icta ferro pinus, Ep. 16, 57 non huc Argoo contendit remige pinus). Das beste Schiffsbauholz kam aus Pontus: I 14, 11 quamvis Pontica pinus silvae filia nobilis iactes et genus et nomen inutile. Die Fichte liefert das Kienholz (taeda IV 4, 43) und das Pech (pix III 8, 10). — Derselbe Name pinus bezeichnete aber auch die **Pinie***) (ingens II 3, 9. 10, 9, sub hac pinu iacentes II 11, 13, imminens villae tua pinus esto III 22, 5), welche durch griechischen Einfluß nach Italien kam, aber jedenfalls vor Catos

---

*) Falsch behauptet Koch, Bäume und Sträucher des alten Griechenlands, p. 33: „pinus ist ein altrömisches Wort, was bei den Römern nur die Föhre bedeutet; die Weiß- oder Edeltanne nannte man in Rom abies, die Rottannen oder Fichten picea."

Zeit, der r. r. 48 das Säen der Piniennüsse erwähnt. Anlaß zu der Namensübertragung bot die Ähnlichkeit der Fichte und Pinie (Weise p. 137).

Die **Weide** begegnet uns bei Horaz in den Ableitungen salignus (fustis S I 5, 22) und salictum das Weidengebüsch (udum II 5, 8).

Eine ganz andre Pflege als diese Bäume des Waldes bedurfte die **Weinrebe***) vitis (fecunda III 23, 6, sacra I 18, 1), welche man entweder an Bäumen sich emporranken ließ (IV 5, 30 vitem ducit ad arbores), namentlich Ulmen**) (E I 16, 3 cf. E I 7, 84. II 15, 5) und Pappeln (Ep. 2, 10 altas maritat populos) oder in **Weingärten*****) (vineta E I 7, 84, ut vineta egomet caedam mea E II 1, 220, vineae III 1, 29. S II 4, 43. Ep. 16, 44 cf. IV 5, 29 condit quisque diem collibus in suis) zog, die in regelmäßigen Furchen nach Art eines quincunx angelegt waren, cf. III 1, 9. 10. Eine Weinlaube ist I 38, 8 (me sub arta vite bibentem) anzunehmen.

Über die Rentabilität des Weinbaues waren die Alten nicht einig: vineam sunt qui putent sumptu fructum devorare, sagt Varro I 7, 10, und Horaz erwähnt mehrfach vernichtenden Hagelschlag (E I 8, 5 grando contuderit vitis, III 1, 29 verberatae grandine vineae), aber vinea non metuit sumptum (Varro I 8, 2), wenn eine gute Weinsorte gewählt ist (Varro ib. § 1), z. B. Falernae vites (Hor. I 20, 10. III 1, 43. II 6, 19) und Calenae (I 31, 10). Dabei ist es durchaus nicht nötig, daß man den Rebensaft so sehr betont, auch die Eßtraube hat ihren Wert, wie ja sogar die Feldmaus trockene Weinbeeren (acinus aridus S II 6, 85) aufbewahrt. Die Eßtraube will aber verschieden behandelt

---

*) Ferd. Cohn, Die Pflanze. Vorträge aus dem Gebiete der Botanik, Breslau 1882, in dem Abschnitt „Weinstock und Wein" sucht die Urheimat der Rebe zwischen Kaukasus und Hindukusch.
**) Cohn a. a. O. „noch heute sind in der Lombardei Maulbeerbäume, in Toskana und Latium Pappeln und Ulmen von Reben umschlungen".
***) Wiedemann, Herodots 2. Buch mit sachlichen Erläuterungen p. 174 über den ägyptischen Weinbau: „überall fanden sich Weingärten, indem die Stöcke teils allein standen, teils, wie noch jetzt in Italien, in Bogengängen gezogen wurden".

sein: manche wurde bloß aufgehängt (pensilis E II 2, 121), von der Albanertraube heißt es S II 4, 72 rectius Albanam fumo duraveris uvam und die Sorte venucula wurde in Töpfe eingelegt (S II 4, 71 venucula convenit ollis, cf. Martial VII 20, 9 illic et uvae collocantur ollares.

Wie innig übrigens das Leben der Italiker mit dem Weinbau verwachsen war, sieht man unschwer aus Horaz: er preist den üppig wuchernden Rebenschößling (Ep. 2, 9 adulta vitium propago), das grüne Weinlaub (viridis pampinus III 25, 20. IV 8, 32), den bläulichen Kamm der Weintraube (racemus lividus II 5, 10), die Traube selbst (uva I 20, 10. E I 14, 23. E II 2, 162), die mit dem Purpur wetteifert (Ep. 2, 20 certans purpurae) und gebraucht das Gleichnis einer unreifen Weintraube (immitis u. II 5, 10).

Während man den wilden Feigenbaum gern auf Gräbern pflanzte (Ep. 5, 17 sepulcris caprificos erutas), wurde der veredelte (ficus S I 8, 47, von der Frucht pulla ficus Ep. 16, 46, pinguis S II 8, 88) sorgfältig im Garten gepflegt. „Der Feigenbaum ist schon sehr zeitig, ohne Zweifel schon durch die ersten Phönizier nach Italien gekommen und steht mit der Gründung Roms in Verbindung" (Koch a. a. O. p. 73). Die Früchte desselben wurden zum Nachtisch mit Vorliebe gegessen, sie wurden aber, da sie frisch nicht gesund waren (E I 7, 5 dum ficus prima calorque dissignatorem decorat lictoribus atris), gespalten und so in Hälften getrocknet (duplex f. S II 2, 122). Das Holz des Baumes wurde vielfach verarbeitet, cf. S I 8, 1 olim truncus eram ficulnus . . . faber maluit esse deum.

Die Kornelkirsche (Cornus mascula L.) ziert mit ihren rötlichen Früchten wohl die Landschaft (E I 16, 8 quid, si rubicunda benignae corna vepres et pruna ferant), aber zum Essen ladet sie höchstens einen Geizhals wie Avidienus ein (S II 2, 57 quinquennis oleas est et silvestria corna).

Daß der Erdbeerbaum*) (arbutus viridis I 1, 21, latens I 17, 6) frühzeitig in Italien bekannt war, dafür haben

---

*) Koch a. a. O.: p. 136 „Die alten Römer scheinen nach meinen Untersuchungen nur Arbutus Unedo L. gekannt zu haben."

wir vor allem das Zeugnis des Varro r. r. II 1, 4: Die Menschen hätten in früheren Perioden ihrer Entwicklung gelebt decarpendo glandem, arbutum, mora, poma colligerent ad usum.

Auch Apfel-, Birn- und Pflaumenbaum kannten die Römer vor ihrer Bekanntschaft mit der griechischen Kultur, ja vom Apfelbaum behauptet Koch p. 181 „es ist sogar wahrscheinlich, daß die Griechen ihn erst von den Römern erhielten". Der Apfel (malum S I 3, 6. S I 4, 73) wurde allgemein zum Nachtisch gegeben, die beste Sorte kam aus Picenum (S II 3, 272), die nächstbeste aus Tibur (S II 4, 70 Picenis cedunt pomis Tiburtia suco). Entlehnt aber ist von den Griechen die Benennung des Frühapfels melimelum und wohl auch die Art seiner Behandlung (S II 8, 31 melimela rubere minorem ad lunam delecta).

Eine edle Birne (pirum) war es gewiß nicht, welche der kalabrische Gastfreund (E I 7, 14) auftischt, da sie auch als Schweinefutter dient, aber Ep. 2, 19 (ut gaudet insitiva decerpens pira) haben wir allerdings an eine Edelbirne zu denken, vielleicht an Pirus persica, welche nach Koch a. a. O. p. 182 in sehr früher Zeit nach Unteritalien verpflanzt und besonders bei Pästum gepflegt wurde: Damals (um Chr. Geburt) hieß sie die Tarentiner, heute Bergamotte.

Die edle Pflaume (prunum) erwähnt Horaz eigentlich nicht, sondern E I 16, 8 die wilde Schlehe, von welcher Plinius XV 13 sagt: pruna silvestria ubique nasci certum est*). Es wäre aber Thorheit anzunehmen, Horaz habe die Pflaumen gar nicht gekannt, während Plinius XV 12 von der ingens turba prunorum spricht und Columella X 404 verschiedene Sorten aufzählt. Koch a. a. O. p. 206 führt diese auf die Damascenerpflaume (Prunus Syriaca Borkh) zurück und behauptet, dieselbe sei schon dem Cato bekannt gewesen.

Alle bisher erwähnten Bäume kannten die Römer vor ihrer Bekanntschaft mit den Griechen, mehr aber noch lernten sie durch

---

*) Man unterschied die Schlehe von der Pflaume nur durch das Beiwort silvestris.

Die Pflanzen.

dies Volk kennen. „Die älteste sprachlich und litterarisch *) sicher verbürgte Kulturübertragung, die Verpflanzung des Ölbaumes von Großgriechenland auf den lateinischen Boden, fällt in die Zeit der tarquinischen Könige" (O. Weise p. 132). In der That ist der Name des Ölbaums**) (olea: E I 8, 5 oleamve momorderit aestus, oliva: Ep. 16, 45 nunquam fallentis olivae, S II 4, 69. E I 16, 2) ein griechisches Lehnwort = ἐλαία, desgleichen der Name des Ölzweigs (I 7, 7 undique decerptam fronti praeponere olivam), dessen Import wahrscheinlich dem Anbau des Baumes in Latium vorausging, ferner der des Olivenöls, (oleum und olivum), welches zur Bereitung der Speisen gebraucht wurde (S II 2, 59, dulce S II 4, 64, unguere caulis oleo meliore S II 3, 125, quali perfundat piscis securus olivo S II 4, 50. S II 8, 45), zum Salben des Körpers (I 8, 8. S I 6, 123 unguor olivo, S II 3, 125, S II 5, 86 cadaver unctum oleo largo, S II 7, 34 nemon oleum fert ocius***), zum Brennen (S I 6, 123 olivo, non quo fraudatis immundus Natta lucernis, S II 3, 321 oleum adde caminis).

Allerdings sind nicht alle auf den Ölbau bezüglichen Wörter griechisch, echt lateinisch ist termes (Ep. 16, 45) ‚Fruchtzweig des Ölbaums' und baca ‚Frucht des Ölbaums, Olive' (II 6, 15 viridique certat baca Venafro, S II 4, 69 pressa Venafranae quod baca remisit olivae E I 16, 2 bacis opulentet olivae). Indes wird häufiger die Olive mit olea (E II 1, 31. I 31, 15. S II 2, 57. 46) und oliva (Ep. 2, 56 lecta de pinguissimis oliva ramis arborum) bezeichnet, so daß an der Übertragung der Ölkultur aus Griechenland nach Latium nicht zu zweifeln ist. In Italien stand der Ölbau in Venafrum in höchster Blüte (S II 8, 45 oleo quod prima Venafri pressit cella, cf. II 6, 15. S II 4, 69), und zwar nahm man zum Pressen die noch herben grünen Früchte, die reifen schwarzen zum Essen (nigrae oleae S II 2, 46), die aber trotz

---
*) Weise stützt sich auf Fenestella bei Plinius XV 1.

**) Nach Koch p. 124 ist sein Vaterland unbekannt, wie das des Weinstockes und Weizens, aber Schweiger-Lerchenfeld, Das Mittelmeer p. 47, sagt: „der Ölbaum gehörte ursprünglich dem semitischen Kulturkreise an".

***) Wie man diese Stelle auf Brennöl beziehen und oleum mit lucerna identifizieren kann, ist schwer begreiflich, cf. Oesterlen, Komik u. Humor I p. 91.

des Einsalzens sich auch nicht länger als ein Jahr hielten, weshalb nur ein Filz fünfjährige Oliven (S II 2, 57 quinquennis oleas) herunterbrachte.

Die Einträglichkeit einer Olivenpflanzung, aber auch zugleich ihr Zurücktreten gegen mobische Zierpflanzen zeigt II 15, 6: omnis copia narium spargent olivetis odorem fertilibus domino priori.

Religiösen Gründen verdankten ihre Einführung in Italien der Lorbeer und die Myrte. Der Lorbeer (laurus II 7, 19, laurea 1) die Laube aus Lorbeer cf. II 15, 9 spissa ramis laurea fervidos excludet ictus 2) Lorbeerzweig cf. IV 2, 9 laurea donandus Apollinari) war dem Apollo heilig (sacra III 4, 18, Delphica III 30, 15, Deliis ornatum foliis IV 3, 6. 7 cf. IV 2, 9) und wurde zum Schmuck des Triumphators verwandt nach Plin. XV 39 laurus triumphis proprie dicatur, Hor. II 1, 15 cui laurus aeternos honores Delmatico peperit triumpho. Daher ist er natürlich schwer zu erringen (morte venalis III 14, 2) und der Wunsch, daß die Auszeichnung zu dauerndem Besitz verliehen sei (II 2, 22 deferens propriam laurum), gerechtfertigt.

Die Myrte ist nach Plin. XV 38 myrto Veneris victricis coronatus incessit und ib. 36 quin et ara vetus fuit Veneri Myrteae der Venus heilig. Nach Koch a. a. O. p. 155 ist in Griechenland Myrtus communis L. vor Theophrast nicht bekannt gewesen, in Italien vielleicht etwas früher. Horaz schätzt diesen Baum mit den immergrünen Blättern (viridis myrtus I 4, 9, pulla I 25, 18) und den leicht brechbaren Zweigen (fragilis III 23, 16) sehr, der schmucklose Myrtenkranz geht ihm über alles (I 38, 5 simplici myrto nihil adlabores sedulus curo: neque te ministrum dedecet myrtus neque me), und es ist ihm ein deutliches Zeichen seiner Bestimmung zum Dichter, daß ihn in seiner Knabenzeit einst Tauben mit Lorbeer und Myrten bedeckten (III 4, 18 ut premerer sacra lauroque conlataque myrto). Und so wie der Dichter, bevorzugten auch seine Zeitgenossen die Myrte, sie ist unter den Bäumen, welche die Olivenpflanzungen verdrängen werden (II 15, 6), wie es bei Bajae schon ein Myrtenwäldchen (murteta E I 15, 5) gab.

Die Cypresse (cupressus sempervirens L.) gelangte erst spät aus ihrer cyprischen*) Heimat über Tarent (Cato r. r. 151 semen cupressi Tarentinac per ver legi oportet) nach Latium (Weise p. 134). „Die Sitte, sie als Trauerbaum auf Gräber zu pflanzen, scheint lateinischen Ursprungs zu sein" (Koch p. 85), sie ist in der That der Totenbaum der Römer (Ep. 5, 18 funebris, II 14, 23 invisa cf. E II 3, 19), doch wird sie auch als Zierbaum in Gärten gehalten (I 9, 11. IV 6, 10 impulsa cupressus Euro) und ihr Holz zu mancherlei, z. B. Bücherkisten (E II 3, 332 levi servanda cupresso) verwandt.

Durch attische Vermittlung, wie aus der lediglich von Attikern im Gegensatz zum gemeingriechischen πλατάνιστος gebrauchten Form πλάτανος zu schließen ist (Weise p. 135), gelangte die Platane (II 11, 13 platanus alta, II 15, 4 caelebs) zu den Römern und durch phönikische Vermittlung die Palme. Obwohl dieser Baum seit 291 vor Chr. (Weise p. 136) in Italien angepflanzt wurde, erwähnt Horaz nur die einträglichen Palmenwälder des Herodes bei Jericho (E II 2, 184 Herodis palmetis pinguibus), sonst bedeutet palma bei ihm den Palmenzweig, der dem Sieger in den Spielen gegeben wurde (I 1, 5 nobilis, E I 1, 51 dulcis, IV 2, 17 Elea domum reducit p. caelestis, E II 1, 181 palma negata macrum, donata reducit opimum, III 20, 12 posuisse nudo sub pede palmam), an einer Stelle einen aus Palmenblättern gefertigten Besen (S II 4, 83 lapides varios lutulenta radere palma).

Infolge ihrer asiatischen Feldzüge verpflanzten die Römer eine große Menge neuer Bäume nach Italien, von denen bei Horaz vorkommen: die Walnuß und Kastanie, die Pinie**), der Johannisbrotbaum, der Maulbeerbaum, die Linde, der Ahorn, dagegen von der Ceder kannte und benutzte man nur das Holz und das Cedernöl (E II 3, 332 cedro linenda), desgleichen vom afrikanischen Lebensbaum (Thuya articulata L. nach Koch) nur das Holz (IV 1, 20 sub trabe citrea). Auch vom Weihrauchbaum

---

*) Koch a. a. O. p. 34: „die Phönizier brachten diese überall hin, sie selber hatten sie aus Persien erhalten".

**) Schon bei der Fichte oben erwähnt.

kannte man nur das Produkt (tus I 19, 14. IV 2, 52. E II 1, 269), da der Baum in Italien nicht fortkam (E I 14, 23). Aber sein Harz wurde zum Opfer viel gebraucht (vocantis ture te multo I 30, 3, et ture et fidibus iuvat placare I 36, 1. III 23, 3, acerra turis plena III 8, 2, plurima naribus duces tura IV 1, 21. 22, flamma sine tura liquescere limine sacro S I 5. 99).

Die Walnuß und die Kastanie erwähnt Horaz nicht ausdrücklich, sondern ganz allgemein Nüsse: S II 2, 122 (beim Nachtisch), S II 3, 171 talos nucesque ferre sinu laxo, S II 5, 36 nux cassa, E II 1, 31 nil intra est olea, nil extra est in nuce duri (ironisch), E II 3, 249 fricti ciceris et nucis emptor. Was ist hier zu verstehen? Walnüsse, Haselnüsse, Mandeln oder Kastanien? Cato r. r. 8 erwähnt nuces calvas, avellanas, Praenestinas et Graecas, d. h. Kastanien, Haselnüsse, Mandeln. Es ist ein Irrtum von D. Weise p. 136, daß Cato auch die Walnüsse erwähne, ich finde sie zuerst angeführt bei Varro r. r. I 16, 6. Für Horaz ist nun soviel festzuhalten, daß E II 3, 249 Kastanien gemeint sind, welche nach V. Hehn² p. 343 auch heute noch für die ärmere Bevölkerung in Italien die Hauptnahrung ausmachen. An den übrigen Stellen bei Horaz kann man zwischen Walnuß und Haselnuß schwanken — die Kastanie ist wegen E II 1, 31 ausgeschlossen —, man wird sich aber für die Walnuß entscheiden, wenn man erwägt, daß für die Haselnuß zu Virgils Zeit der griechische Name corylus aufkam (cf. Macrob. Sat. III 18, 5).

Zu E II 1, 123 vivit (sc. der Dichter) siliquis et pane secundo lehren die jetzigen Herausgeber, z. B. Kießling „siliquis: von den Schoten der Hülsenfrüchte, wie Bohnen u. dgl., dem herkömmlichen Symbol einfacher Lebensweise." Diese Auffassung ist offenbar von V. Hehn p. 393 beeinflußt: „wo sonst siliquae als Speise der Armen und Genügsamen vorkommen, ist kein Grund, etwas andres als das Nächste, d. h. als Bohnen oder Erbsen darunter zu verstehen." Sollen nun die Worte „von den Schoten der Hülsenfrüchte" wörtlich verstanden werden, wie ja auch bei uns die jungen Schoten der Bohnen und Erbsen gegessen werden? Das paßt aber nur für wenige Wochen des Jahres, und aus Horaz selbst (z. B. E II 3, 249 fricti ciceris emptor) läßt sich beweisen, daß die „Armen und Genügsamen" gewöhnlich nicht die

Schoten, sondern die Körner der Hülsenfrüchte aßen*). Siliqua heißt aber bei den lateinischen Schriftstellern nichts andres als Hülse, Schote im Gegensatz zu den Körnern oder der ganzen Pflanze: Verg. Ge. I 74 siliqua quassante legumen, ib. 195 grandior ut fetus siliquis fallacibus esset, Plin. 18, 30 eius namque siliquae caulesque gratissimo sunt pabulo pecori. Prudent. Cath. 3, 63 nos oleris coma, nos siliqua Foeta legumine multimodo Paverit innocuis epulis — von Persius 3, 55 quibus et detonsa inventus invigilat siliquis et grandi pasta polenta ist als einer Nachahmung unsrer Horazstelle abzusehen. Ich muß bemnach die jetzige Erklärung von siliquae als Bohnen ablehnen.

Siliqua bedeutet aber noch das Johannisbrot. Die Römer lernten diesen Baum in seiner syrischen Heimat (cf. V. Hehn² p. 391—393) kennen und suchten ihn nach Italien zu verpflanzen**). Nach Col. V 10, 20. VII 9, 6. de arb. 25 ist ihnen dies gelungen, aber V. Hehn läßt nicht bloß diese Stellen, sondern auch die des Plinius und Palladius, wo der Johannis=brotbaum erwähnt wird, nicht gelten, bloß seiner Theorie zu Liebe, daß erst die Araber der Kultur des Baumes in Unteritalien die heutige große Verbreitung gaben. Jedem unbefangenen Leser Hehns muß die Schwäche seiner Argumente einleuchten, und so hat benn auch O. Weise p. 138 den Anbau des Johannisbrot=baums in Italien zur Zeit des Columella als eine Thatsache hin=gestellt, und Koch a. a. O. p. 213 sagt: „Vom Johannisbrotbaum (Ceratonia Siliqua L.) ist wahrscheinlich Palästina das Vaterland, er wurde zeitig nach Rom verpflanzt, und die Früchte kamen als Siliquae gracae oder syriacae auf den Markt." Indessen hätte Hehn tausendmal recht, sind nicht die Früchte des Baumes fort und fort aus dem Osten eingeführt worden, wie noch Galen de

---

*) Ähnlich war es in Athen. Wislemann, Die antike Landwirtschaft, p. 10: „sie (sc. die Hülsenfrüchte) waren seit alter Zeit die Speise der Athener und blieben fortwährend die der Ärmern": er macht aber auf Aristoph. Lys. 555 aufmerksam, wo ein Soldat in voller Rüstung gekochten Erbsenbrei kauft.

**) Col. III 8, 4 admonemur, curae mortalium obsequentissimam esse Italiam quae paene totius orbis frugis adhibito studio colonorum ferre didicerit.

alim. fac. 2, 33 bezeugt: ὥστ' ἄμεινον ἦν αὐτὰ μηδὲ κομίζεϑαι πρὸς ἡμᾶς ἐκ τῶν ἀνατολικῶν χωρίων ἐν οἷς γεννᾶται? Demnach halte ich für siliqua allein die Bedeutung „Johannisbrot" für richtig.

Übrigens ist der Streit über die Bedeutung von siliqua an unsrer Horazstelle schon alt. Porphyrio z. b. St. sagt: siliquas autem aut specialiter dicit eas, quae in * verbibus nascuntur. Omni legumine que hoc est asellis continetur. Der Sinn ist klar, entweder Johannisbrot oder Hülsenfrüchte. Die Worte sind wohl so herzustellen: sil. autem aut spec. d. eas, quae in a r - boribus*) nascuntur aut omnia legumina, quae folli- culis continentur.

Die Maulbeeren erwähnt Hor. S II 4, 22 qui nigris**) prandia moris finiet ante gravem quae legerit arbore solem. Daß auch der Baum schon zu Augustus' Zeit ein Heim in Italien gefunden hatte, folgert Weise p. 138 aus seiner Erwähnung bei Ovid Met. 4, 90 ardua morus erat.

Auch die Linde müssen die Römer trotz der lateinischen Benennung des Baumes erst durch die Griechen kennen oder wieder kennen gelernt haben; erst Vergil erwähnt sie, und der griechische Name philyra (Hor. I 38, 2 nexae philyra coronae) verblieb dem Lindenbast für immer, cf. Plin. XVI 25, 65 Inter corticem ac lignum tenues tunicae multiplici membrana, e quibus vincula tiliae vocantur: tenuissimae earum philyrae, coronarum lemniscis celebres antiquorum honore.

Daß der Ahorn (acer) von den Griechen aus nach Italien kam, zeigt noch die Beschreibung bei Plin. XVI 26 Graeci situ discernunt. Campestre enim candidum esse nec crispum, quod glinon vocant, montanum vero .... tertium genus Zygiam cf. Vitruv II 9, 12. Wohl kennt Plinius l. l. auch den weißen sog. gallischen Ahorn, aber bei Hor. S II 8, 10 acerna mensa ist ohne Zweifel jene zweite in Istrien und Rhätien vorkommende Sorte zu verstehen, welche sich durch schöne Maserung

---

*) Nach Naturgeschichte des Himmels und der Erde von Masius ɾc. I p. 615 wird der Johannisbrotbaum 20—30 Fuß hoch.

**) Koch a. a. O. p. 73: „Unsern Maulbeerbaum mit weißen Früchten kannten weder Griechen noch Römer, sondern morus alba."

auszeichnet (alterum genus crispo macularum discursu) und zu Fournieren geschnitten wurde (Plin. XVI 84 quae in laminas secantur quorumque operimento vestiatur alia materies, praecipua sunt . . . aceris genera).

Nicht viele Sträucher erwähnt Horaz, am häufigsten noch die Dornsträucher (vepris I 23, 5, benignae vepres E I 16, 8, Lyciae dumeta III 4, 63, dumeta horridi Silvani III 29, 23), welche mit ihren Dornen (spina E I 14, 4, übertragen E II 2, 212) dem Landmann den Ackerbau verleiden können, cf. certemus, spinas animone ego fortius an tu evellas agro E I 14, 4. Aber auch von diesen nennt er nur eine bestimmte Art, den Brombeerstrauch (rubus I 23, 6). Von andern Sträuchern wüßte ich nur den Pfefferstrauch (piper album S II 4, 74. S II 8, 49, cf. E I 14, 23. E II 1, 270) anzuführen, der zu Plinius' Zeit in Italien angebaut wurde (Plin. 12, 14, 29 piperis arborem iam et Italia habet), dessen Früchte aber, wie zu Horaz' Zeit, so auch noch später aus dem Orient geholt wurden, denn was den italischen betrifft: amaritudo grano creditur esse. Deest tosta illa maturitas, dagegen von dem indischen heißt es: pondere emitur, ut aurum vel argentum (Plin. l. l.).

Indem wir zu den Kräutern übergehen, machen wir zuerst auf die beim Opfer 2c. gebrauchten Kräuter (verbenae I 19, 14, castae IV 11, 6) aufmerksam*). In herba hat Horaz eine umfassende Bezeichnung für Gräser (III 23, 11 Albanis in herbis, IV 2, 55 vitulus largis iuvenescit herbis, E I 10, 19 deterius Libycis olet aut nitet herba lapillis, E I 14, 35 prope rivum somnus in herba, E I 10, 34 cervus equum communibus herbis pellebat, E I 7, 42 locus nec multae prodigus herbae), Blattpflanzen (herba lapathi Ep. 2, 57, brevis herba lapathi S II 4, 29, herbis vivere E I 12, 8, confusum sectis inferbuit herbis S II 4, 67). Auch bezeichnet herba nicht selten die für die Medizin als Gift- oder Heilpflanzen wich-

---

*) Mit der Familie der Verbenaceae (Eisenkräuter) hat verbena, wie Koch richtig bemerkt, nichts zu thun: zu diesen heiligen Pflanzen gehörten z. B. Lorbeer und Myrte, cf. Magerstedt, Die Bienenzucht und die Bienenpflanzen der Römer p. 297.

tigen Kräuter, so Ep. 3, 7. Ep. 5, 21. 67, nocentes S I 8, 22. 49. E II 2, 149. 150.

Das Gras (gramen) preist der Dichter, wenn es zart (tenerum IV 12, 9) oder dichtstehend (tenax Ep. 2, 24) ist, es ist ihm ein Frühlingsbote (redeunt iam gramina campis IV 7, 1), und nichts Schöneres kennt er, als sich auf einem abgelegenen Rasenfleck (II 3, 6 in remoto gramine) bei einer guten Sorte Wein zu lagern. Oft gedenkt er des grasigen Marsfeldes III 7, 26 gramine Martio, IV 1, 39 gramina Martii campi, E II 3, 162 gaudet aprici gramine campi). Den Rasen braucht man zum Altar für häusliche Opferhandlungen (I 19, 13 caespes vivus, III 8, 4, fortuitus II 15, 16); eine Verwendung des Heus zur Warnung vor stößigen Bullen lernen wir aus S I 4, 34 (foenum habet in cornu) kennen.

Zu den Gräsern gehören zunächst die Getreidearten. Das Getreide wird von Horaz einmal kollektivisch mit Ceres bezeichnet (S II 2, 124 ac venerata Ceres ita culmo surgeret alto). Getreidereiche Gegenden erwähnt er öfter, z. B. Forentum (III 4, 16), Venusia (S II 1, 36), Sardinien (I 31, 4). Von besonderen Getreidearten nennt er aber nur 1) den Spelt: ador S II 6, 89 (wovon alma adorea IV 4, 51, cf. Plin. XVIII 3, 3 gloriam denique ipsam a farris honore adoream appellabant) und far III 23, 20. S I 5, 69. S I 6, 112. S II 8, 87. Daß beide Namen ador und far dasselbe bedeuten, zeigt die eben angeführte Pliniusstelle, doch ist ador der ältere nach Plin. XVIII 19 vulgatissima far, quod adoreum veteres appellavere, siligo, triticum; 2) den Hafer (avena longa S II 6, 84), den die Römer als Viehfutter bauten, cf. Marquardt, Privatleben der Römer, p. 414;

3) den Reis (oryza S II 3, 155), der in Indien wuchs und von den griechisch-römischen Ärzten zu medizinischen Zwecken benutzt wurde (Weise p. 145). Denn „seit Gründung des ägyptisch-griechischen Reiches mußte ein lebhafter Handel, wie mit anderen indischen Erzeugnissen, so auch mit Reis über das persische und rote Meer zu den dortigen Häfen gehen" (Hehn p. 434).

Ferner gehört zu den Gräsern das Schilfrohr, wofür Horaz die 3 Namen calamus, arundo, ulva hat. Nach der schönen

Die Pflanzen.

Auseinandersetzung von B. Hehn² p. 261—265 ist soviel klar, daß Horaz sowohl mit calamus als mit arundo das ächte asiatische Rohr arundo donax bezeichnet. Zwar sind manche Arten seiner Verwendung außer Gebrauch gekommen, "geschrieben wird auch im Süden nicht mehr mit dem Rohr" (cf. S II 3, 7. E II 1, 113 adlinet atrum transverso calamo signum, E II 3, 447), nicht mehr liefert das Rohr dem Pfeil einen leichten und doch kräftigen Schaft (calami spicula Cnosii I 15, 17, Kreta war nach Hehn p. 264 eine Station für den Übergang des Rohrs von Asien nach Europa), aber noch heute reiten die Knaben in Italien auf diesem langen Rohrhalm herum (Hehn p. 262), wie zu Horaz' Zeit (S II 3, 248 equitare in arundine longa), noch heute könnte es, wie zu den mannigfachsten anderen Zwecken, als Vogelscheuche (S I 8, 6) verwendet werden. — Im Gegensatz zu der eigentlichen arundo wird dann ulva das dünne und schwächere gemeine Rohr sein (S II 4, 72 aper ... ulvis et arundine pinguis).

Aus der Familie der Cyperaceen oder Halbgräser ragt hervor die Papyrusstaude, welche den Alten das Papier (charta E II 1, 113) lieferte. Horaz gebraucht das Wort papyrus gar nicht, desto öfter charta, aber meist in dem übertragenen Sinne "Schrift, Buch" (S I 10, 4 charta laudatur eadem, S I 5, 104 longa, IV 8, 21. S I 4, 101. E I 13, 6, pl. E II 1, 35, meae IV 9, 31, Graecae E II 1, 161, ineptae E II 1, 270, Socraticae E II 3, 310).

Zu den Blattpflanzen sind zunächst die Hülsenfrüchte*) zu rechnen. Diese waren die Speise der Armen und Genügsamen, und der Dichter selbst liebt diese einfachen Gerichte, so die Bohne (S II 6, 330 quando faba Pythagorae cognata.. ponentur, cf. S II 3, 182. E I 16, 55), die Kichererbse (cicer S II 3, 182, sepositum S II 6, 84, frictum E II 3, 249, inde domum me ad porri et ciceris refero laganique catinum S I 6, 115), die Lupine (S II 3, 182, zu Rechenpfennigen verwandt E I 7, 23 nec tamen ignorat quid distent aera lupinis),

---

*) Ich folge hier im allgemeinen der Einteilung, welche Magerstedt, Der Feld-, Garten- und Wiesenbau der Römer, Sondershausen 1861, p. 253 ff., giebt.

die Erbse (S II 6, 117 cervum tenue, nach Plin. XVIII 38 et ipsum medicaminis vim obtinens).

Von den bei Magerstedt a. a. O. sogenannten Kost- oder Speisefrüchten findet sich bei Horaz nur der Mohn (E II 3, 375 Sardo cum melle papaver offendunt) und der Kümmel (E I 19, 18 exsangue cuminum, cf. Pers. 5, 55. Plin. 20, 160 omne cuminum pallorem bibentibus gignit). Von ersterem zählt Plin. XIX 53 drei Arten auf: candidum, nigrum, erraticum. Bei Horaz ist sicherlich die erste Art zu verstehen, über welche wir bei Plinius l. l. lesen: candidum, cuius semen tostum in secunda mensa cum melle apud antiquos dabatur.

Ein allgemeiner Name für Gemüse*) ist olus nach E I 5, 2 nec modica cenare times olus omne patella, S I 1, 74 panis ematur, olus, vini sextarius, S I 6, 112 quanti olus ac far, S II 7, 30 securum o., E II 2, 168 emptum cf. S II 1, 74. S II 2, 117. E I 17, 13. 15, oluscula S II 6, 64. Dagegen ist caulis als Kohl zu fassen wegen S II 2, 62 caulibus instillat, S II 3, 125 unguere caulis cf. S I 3, 116 tener und S II 4, 15 suburbanus. Die Vorliebe der alten Römer für Zwiebeln und Knoblauch teilt Horaz nicht, letzteren nennt er Ep. 3, 3 cicutis allium nocentius, mit ersteren sucht er seinen Freund Iccius zu necken E I 12, 21 seu ... et caepe trucidas. Indessen manche Gemüse liebt er selbst, wie den Lauch (porrum S I 6, 115, E I 12, 21) und die Cichorien**) (cichorea I 31, 16). Viel Liebhaber finden wegen ihres pikanten Geschmackes der Alant (acidae inulae S II 2, 44, amarae S II 8, 51), der Lattich (lactuca S II 8, 8, acris S II 4, 59), manche auch die Nessel (E I 12, 8 herbis vivis et urtica). Von den Blattgewächsen im engern Sinn wurden gegessen Raute (S II 8, 51 erucae virides), Malve (leves malvae I 31, 16, gravi malvae salubres corpori Ep. 2, 58) und Ampfer (lapathum prata amans Ep.

---

*) Ähnlich Wislemann, Die antike Landwirtschaft, p. 6: „Die Gemüse werden mit dem Ausdruck λάχανα, lat. olera bezeichnet, καυλός ist das lat. caulis, das deutsche Kohl."

**) Magerstedt, Feld-, Garten- und Wiesenbau der Römer, p. 389 behauptet, Hor. I 31, 16 sei die wilde Cichorie gemeint, nicht die Gartencichorie (intybum, Endivie).

Die Pflanzen.

2, 57, lapathi brevis herba S II 4, 29), von den Rübengewächsen die Rettige (rapula S II 2, 43, acria S II 8, 7), die Ra=
bieschen (S II 8, 8 radices), die Rapunzeln (siser S II 8, 9).

Doch gab es auch andre Wertmesser für die hierher gehörigen Pflanzen, als die Eßbarkeit: so gebrauchte man den Stengel des Pfriemkrauts (ferula S I 3, 120) als leichtes Züchtigungs=
mittel, so den Betel (malobathrum Syrium II 7, 8) zur Gewinnung köstlicher Salbe, desgleichen die syrische Narde (Assyria nardus II 11, 16 cf. IV 12, 16. 17, nardo peruncturn Ep. 5, 59, Achaemenium Ep. 13, 8), die Kostwurz (Achaemenium costum III 1, 44) und die Behennuß (pressa balanus III 29, 4 nach O. Weise p. 144).

Wenig praktischen Nutzen haben auch die Blumen (flores, II 15, 6 omnis copia narium), und doch nehmen sie im Leben des Römers eine wichtige Stelle ein. Wie freut sich unser Dichter auf die Frühlingsblumen (verni flores II 11, 10, novi IV 1, 32, flore, terrae quem ferunt solutae I 4, 10), wie oft erwähnt er die frischen (recentis III 27, 43), sich eben er=
schließenden (aprici I 26, 7) Blumen, die man zum Opfer braucht (III 8, 2, piabant floribus et vino Genium E II 1, 144, studiosa florum et debitae nymphis opifex coronae III 27, 29. 30, o fons Bandusiae dulci digne mero non sine floribus III 13, 2) oder zum Bestreuen der Bühne (E II 1, 79 crocum floresque perambulet Attae fabula) und des Speisezimmers (E I 5, 14 potare et spargere flores incipiam).

Von allen Blumen liebten die Römer am meisten die Rosen*) (punicea rosa IV 10, 4, flos purpureus rosae III 15, 15, amoena r. II 3, 14, sera I 38, 4): der Boden des Speise=
zimmers ist mit Rosen bestreut (III 19, 22 sparge rosas, III 29, 3 neu desint epulis rosae), der Trinker (rosa canos odorati capillos II 11, 15), wie der Liebende (I 5, 1 quis multa gracilis te puer in rosa... urguet), ist mit Rosenkränzen geschmückt.

---

*) Welche Rosensorte die Römer hatten, ist von Koch untersucht worden. p. 159 a. a. O. sagt er: „Die Damascenerrose wurde nach Griechenland aus Syrien, wie es scheint, zugleich mit dem Aphrobite-Dienst, zuerst im Peloponnes und auf den wärmern Inseln eingeführt. Von Pästum aus verbreitete sie sich nach dem Norden Italiens."

4*

Darnach dürfte in der Wertschätzung der Römer das Veil=
chen (viola) gefolgt sein, welches sie in verschiedenen Farben=
nüancen kultivierten, wenigstens ist III 10, 14 tinctus viola pallor
amantium auf eine weißliche, E II 1, 207 lana Tarentino violas imitata veneno auf eine rötliche*) Veilchensorte zu schließen.
Den massenhaften Anbau der Veilchen ersieht man aus der II 15, 5
ausgesprochenen Befürchtung, daß die Veilchenbeete (violaria)
die Ölbaumpflanzungen verdrängen könnten (cf. Mart. XI 19.
Quint. VIII 3).

Beliebte Blumen sind auch die Lilie (lilium breve I 36,
16), der Eppich (apium vivax I 36, 16, udum II 7, 23, nectendis apium coronis est IV 11, 3), der Rosmarin (ros
marinus III 23, 15).

Der orientalische Safran (crocus sativus) war zu Varros
Zeit schon in Italien heimisch, cf. r. r. I 35, 1 serere lilium et
crocum. Aus Horaz' Gedichten sehen wir, daß die Kochkunst und
Industrie von ihm ausgiebigen Gebrauch machte, indem sie aus
ihm Würzen zu Speisen und Getränken (S II 4, 68 Corycio croco
sparsum, der cilicische vom Berg Corycus galt als der beste) und
Essenzen herzustellen wußte (E II 1, 79 crocum perambulet Attae
fabula).

Der Epheu**) (edera Ep. 15, 5, virens I 25, 17, las-
civis ederis ambitiosior I 36, 20) wird gern zu Kränzen ver=
wandt (IV 11, 4 est ederae vis), welche Belohnungen für Dichter
(doctarum ederae praemia frontium I 1, 29, prima feres ederae
victricis praemia E I 3, 25) darstellen, denn der Epheu gehört
nach Val. Fl. II 268 zum Bacchusdienst.

Der Thymian (thymum I 17, 6. E I 3, 21) ist besonders
für die Bienen zur Honigbereitung geeignet. Schlecht ist der von
Corsika nach Mart. XI 43, auch der sardinische scheint nach Hor.
E II 3, 375 nichts zu taugen.

Für die Medizin wichtig sind folgende Pflanzen bei Horaz:
die Heilpflanzen: Nieswurz (elleborus S II 2, 82. S II

---

*) cf. Pindar Ol. VI 55. Claudian Rapt. III 128.
**) Den Alten waren nach Koch bekannt hedera helix L. und hedera
poetarum Bert., letzterer besitzt gelbe Früchte und ist in allen seinen Teilen
größer.

3, 82, elleboro meraco E II 2, 137), Stabwurz (abrotonum aegro non audet nisi qui didicit dare E II 1, 114), die Giftpflanze: Schierling (cicuta S II 1, 56, pl. Ep. 3, 3. E II 2, 53), das Unkraut: Trespe (lolium S II 6, 89).

Zum Schluß stellen wir hier die Vertreter der Kryptogamen zusammen, welche uns bei Horaz begegnen: Die Pilze (S II 4, 20 pratensibus optima fungis natura est, aliis male creditur), die Tange (alga inutilis III 17, 10, vilior alga S II 5, 8) mit ihrer Unterart der Floribeen oder Rottange, die zum Rotfärben benutzt wurden (III 5, 28 lana medicata fuco, E I 10, 27 Aquinatem potantia vellera fucum, übertragen mercem sine fucis gestat), das Moos (E I 10, 7 musco circumlita saxa), der gemeine Waldfarren (filix urenda S I 3, 37).

Abschnitt II.
Kleidung und Wohnung.

Kleidung.

Ganz allgemein „Kleidung" ohne alle Rücksicht auf ein bestimmtes Kleidungsstück oder auf das Geschlecht des Trägers bezeichnen bei Horaz vestimentum (I 5, 14 vestimenta uvida suspendere, vom Schiffbrüchigen gesagt, E I 18, 32 Eutrapelus cuicumque nocere volebat, vestimenta dabat pretiosa), vestis (S I 2, 16. 6, 78. S I 5, 85 nocturnam*) vestem maculant, IV 9, 14 aurum vestibus inlitum), amictus (E I 17, 27 alter purpureum non exspectabit amictum), habitus (S II 7, 54 Romanus). Von pannus kann hier keine Rede sein, seiner Etymologie nach bedeutet es „Gewebe, Tuch"**), bei Horaz ist es nur an einigen Stellen als Gewand zu fassen, so I 35, 21 albo Fides velata panno***), E I 17, 25 quem duplici panno

---

*) De re vestiaria libellus ex Bayfio excerptus Parisiis 1541 p. 12 nonnulli ex veteribus non eadem interula utebantur noctu qua interdiu.

**) O. Weise, Die griechischen Wörter im Latein, p. 178, stellt es mit πηνός zusammen, hält es aber nicht für ein Fremdwort.

***) Die Herausgeber erklären hier pannus als „um die rechte Hand geschlungenes Gewebe" (Kießling), als Binde (Rosenberg), als Schleier (Küster), Schütz läßt zwischen „weißem Tuch, mit dem man die Hand umwickelte" und Gewand die Wahl. Das Richtige hatte schon längst Arnold gefunden (Die griechischen Studien des Horaz. Neu herausgegeben von Fries 1891, p. 19), der auf Hesiod O. et D. 198 G. hinwies λευκοῖσιν φαρέεσσι καλυψαμένω χρόα καλόν, Αἰδὼς καὶ Νέμεσις.

patientia velat (von dem Philosophenmantel, der διπλοΐς, gesagt), ib. 32, sonst bezeichnet es „Fetzen, Lumpen", so Ep. 17, 51 tuo cruore rubros obstetrix pannos lavit, E II 3, 15 inceptis gravibus . . . purpureus, late qui splendeat, unus et alter adsuitur pannus.

Desto häufiger begegnen die Namen bestimmter Kleidungsstücke. Wir beginnen mit der Männerkleidung.

Den Römer kennzeichnet vor allem die toga, S II 7, 54 geradezu Romanus habitus genannt, und selbst eine abgetragene Toga nimmt der arme Römer noch gern als Geschenk an (E I 19, 38 plebis suffragia venor tritae munere vestis*). Sie ist von Wolle, welche in ausreichender Menge Italien liefert, und zwar entweder das diesseitige Gallien (III 16, 35 mihi nec pinguia Gallicis crescunt vellera pascuis) oder Luceria in Apulien (III 15, 13 lanae prope nobilem tonsae Luceriam) oder das Gefilde von Tarent (II 6, 10—12), von dessen Wollprodukten Columella VII 4 rühmt: pelles eorum propter pulchritudinem lanae maiore pretio quam alia vellera mercantibus traduntur. Als Schutz gegen die Kälte steht die dicke Toga in Ehren (S I 3, 14 toga quae defendere frigus quamvis crassa queat), der Stutzer aber liebt natürlich einen feinen Wollstoff (E I 14, 32 quem tenues decuere togae).

Die Farbe der Toga ist weiß**) (S II 2, 61 aliosve dicrum festos albatus celebret), schwarz nur bei eintretender Trauer (I 35, 23 mutata veste, Ep. 9, 27 punico lugubre mutavit sagum). Jene weiße Toga ist das Kleid des erwachsenen Römers (S I 2, 16 vestis virilis), während der Knabe die Toga mit dem Purpurvorstoß (praetexta S I 5, 36***) trägt, wie die kurulischen Magistrate und nach Analogie der letzteren auch die Be-

---

*) toga = die bedeckende von tego, cf. O. Weise l. l. p. 179 A. 2, der aus dieser Etymologie schließt, daß die Toga „vermutlich gleich der Tunika einst in übereinstimmendem Gebrauche bei beiden Geschlechtern war."

**) Fisch, Die Walker, 1891, p. 1 „die Kleidungsstücke der alten Römer waren, im großen und ganzen betrachtet, der Farbe nach weiß und dem Stoffe nach wollen."

***) Der Knabe, welchen Canibia morden will, fleht Ep. 5, 7 per hoc inane purpurae decus.

amten der Municipal- und Kolonialstädte (S I 5, 36 ridentes praemia scribae, praetextam et latum clavum prunacque vatillum). Wann das Ablegen der praetexta (I 35, 23 bezeichnet als mutare togam, S I 2, 16 als sumere vestem virilem) stattfand, darüber giebt S I 2, 16 Auskunft: nomina sectatur modo sumpta veste virili sub patribas duris tironum. Denn „mit dem 17. Jahre begann der Kriegsdienst und das öffentliche Auftreten überhaupt" (Rein in Paulys Realencyklopädie, Bd. VI, p. 1996)*), „am Ende der Republik nahm man die Toga beim Beginn des Tirociniums, also nach Vollendung des 16. Jahres" (Marquardt, Privatleben der Römer I, p. 133)**).

Was die Form der Toga betrifft, so bewahrt Horaz, wenn er E II 3, 50 die Cethegi cinctuti nennt, wohl eine Erinnerung an die den rechten Arm bedeckende und des sinus entbehrende***) Toga der Alten, unter welcher eben statt der tunica der cinctus getragen wurde (Zöller, Privataltertümer der Griechen u. R., p. 300, Müller in Baumeisters Denkmäler des klass. Altert., III, p. 1830)†), kennt aber sonst nur die modische Toga mit großem sinus, in welchem nicht bloß der Spieler seine Knöcheln und Nüsse (S II 3, 171 te talos nucesque ferre sinu laxo), sondern auch der vertriebene Kleinbauer die Larenbilder und seine zerlumpten Kinder bergen konnte (II 18, 27 pellitur paternos in sinu ferens deos et uxor et vir sordidosque natos).

---

*) Schiller, Kriegsaltertümer in Iwan Müllers Handbuch b. klass. Altertumswissenschaft, Bd. IV, p. 727: „in der Republik war der Bürger vom 17.—46. Jahre zum Dienste verpflichtet."

**) Früher allerdings nach Vollendung des 17. Jahres, cf. Marquardt, l. l. p. 132.

***) Quintilian XI 3, 137 est aliquid in amictu, quod ipsum aliquatenus temporum condicione mutatum est: nam veteribus nulli sinus ... quorum brachium, sicut Graecorum, veste continebatur.

†) Mit Unrecht behauptet O. Weise l. l. p. 179, daß der cinctus von der Hüfte bis zur Schulter gereicht habe, wohl nach Porph. zu Hor. E II 3, 50 quoniam cinctum est genus tunicae, während Voigt in Iwan Müllers Handbuch, Bd. 4, p. 803 meiß, „daß dieser Lendenschurz die Schenkel bis eine Hand breit oberhalb des Knies bedeckt habe." Marquardt, Privatleben II, p. 550 weist auf die Glosse bei Mai, Class. auct. VII, p. 555 hin: Cinctus est lata zona.

Auch in Bezug auf den **Umfang** der Toga ist zwischen der guten alten Zeit und der Neuzeit ein Unterschied. Früher war derselbe durchaus bescheiden (E I 19, 13 **exiguaeque togae simulet textore Catonem**), und so wünscht auch der sterbende Servius Oppidius, ein nach den Begriffen der Alten reicher Mann (S II 3, 169 dives antiquo censu), nicht, daß sich sein Sohn im Circus breit mache (latus ut in circo spatiere ib. 183), etwa wie der reich gewordene frühere Sklave, welcher mit seiner Sechs= ellentoga die sacra via ausmißt (Ep. 4, 8 sacram metiente te viam cum bis trium ulnarum toga). Aber auch zu Horaz' Zeit schickt sich für Menschen in abhängiger Lage eine weite Toga durch= aus nicht (E I 18, 30 **arta decet sanum comitem toga**), wohl aber fordert man von jedermann, daß er den Faltenwurf seiner Toga sorgfältig arrangiert (togam componere S II 3, 77), und lacht den aus, dessen Toga unordentlich herabhängt (S I 3, 30 rideri possit eo quod toga defluit) oder schlecht sitzt (E I 1, 96 si toga dissidet impar, rides).

Sonstige Obergewänder sind **lacerna, paenula, chlamys, sagum**. Die **lacerna***) ist ein Mantel mit Kapuze, den in Rom vorzugsweise Sklaven trugen (S II 7, 54 ff. **prodis ex iudice Dama, turpis odoratum caput obscurante lacerna, non es, quod simulas?**). — Die **paenula****) war ein dicker Reisemantel, den im Sommer zu tragen, wenig Ver= gnügen machte (E I 11, 17 facit quod paenula solstitio). — Die **chlamys** ist, wie der Name besagt, ein griechisches Gewand, muß aber in Rom recht häufig getragen sein, wenn Lukull nach E I 6, 40 ff. 5000 derselben in Besitz hat. Da es ein Soldaten= oder Reisekleid war, ist E I 17, 31 **alter Mileti textam cane peius et angui vitabit chlanidem** von Kießling eingesetzt worden, weil hier offenbar ein feines Gewand erwartet werde. — Eine χλαμὺς φοινικῇ ist das Ep. 9, 27 erwähnte **punicum** (d. h. purpureum) **sagum**, welches der feindliche Oberfeldherr Antonius

---

*) Ein „gallischer Umwurf" (O. Weise a. a. O. p. 179, A. 5). Zu dem= selben scheinen caligae getragen zu sein nach Cic. Phil. II 30, 76 cum calceis et toga, nullis nec caligis nec lacerna.

**) Ein griechisches Kleidungsstück, nach Weise l. l. p. 180 (= φαινόλης, dorisch φαινόλας), und recht früh nach Rom gekommen.

nach der Niederlage mit dem Trauerkleid (lugubre sagum) vertauscht.

Wenn die Toga das Staatskleid ist, so ist die tunica*) das Hauskleid, und der kleine Mann verrichtet in ihr seine Alltagsgeschäfte (E I 7, 65 tunicatus popellus). Auch die Tunika ist von Wolle, denn E I 1, 95 bezeichnet pexa tunica eine neue Tunika, deren Wollfasern noch nicht durch langen Gebrauch abgeschabt sind. Sie wird unter der Brust durch einen Gürtel (zona) zusammengehalten, der gewiß häufig, wie beim Frauengürtel auf bildlichen Darstellungen (cf. z. B. Baumeister, Denkmäler, p. 619) deutlich erkennbar ist, nur eine Schnur war, öfter aber als breiter Uebergurt, der die Geldkatze (E I 4, 11 crumena) enthielt, zu denken ist, wie E II 2, 40 qui zonam perdidit. Den Gürtel löst man, wenn man es sich recht bequem machen will (S II 1, 73 nugari cum illo et discincti ludere, S I 2, 132 discincta tunica fugiendum est). Bei der Arbeit natürlich schürzt man die Tunika, so macht es die Stadtmaus S II 6, 107 veluti succinctus cursitat hospes, so der beim Mahl aufwartende Sklave S II 8, 10 alte cinctus. Das ist so selbstverständlich, daß S I 5, 6 altius ac nos praecinctis sogar übertragen gebraucht wird = „rüstiger", wie der Gegensatz zu ignavi = „bequem" beweist. Übrigens war es gar nicht so leicht, im Schürzen der Tunika das richtige Maß zu treffen (praecincti recte S II 8, 70), Horaz tadelt in gleicher Weise das Zuviel hierin, wie das Zuwenig: S I 2, 25 Maltinus tunicis demissis ambulat, est qui Inguen ad obscaenum subductis usque.

Daß auch mit der Tunika Aufwand getrieben wurde, beweist E I 18, 33 cum pulchris tunicis sumet nova consilia et spes. Einen besonderen Schmuck hat die Tunika der Sena-

---

*) Voigt l. c. p. 803: „ein dem semitischen Kulturkreise entlehntes Haus- und Arbeitskleid"; O. Weise l. l. p. 179: „Griechen wie Römern gemeinsam, und, wie die Namensähnlichkeit mit χιτών und die evidente Herkunft des letzteren aus dem phönicischen ketonet bekunden, von jenem Handelsvolke beiden klassischen Völkern in frühester Zeit zugeführt"; Walter Müller, Quaestiones vestiariae, Diss., Göttingen 1890, p. 12, behauptet, der χιτών ποδήρης sei von den griechischen Männern um 700 oder später von den Ägyptern oder Hethitern angenommen.

toren*) und Ritter, jene zwei breite, vorn am Gewand vom Halse**) bis zum Knie herablaufende Purpurstreifen (latus clavus), diese zwei schmälere Streifen***). So legt der S II 7, 9 erwähnte Priscus bald die senatorische, bald die ritterliche Tunika an: vixit inaequalis, clavum ut mutaret in horas.

Der zum clavus verwandte Purpur war entweder **tyrischer** (E I 6, 18 Tyrii colores, Ep. 12, 21 murices Tyrii †)) oder **sidonischer** (E I 10, 26 Sidonium ostrum) oder **afrikanischer**††) (II 16, 35 Afer murex, E II 2, 181 vestis Gaetulo murice tinctas) oder **lakonischer** (II 18, 7 Laconicae purpurae) oder **tarentinischer** (E II 1, 207 lana Tarentino violas imitata veneno). Doch begnügte man sich auch mit einem italischen Surrogat des Purpurs, dem fucus Aquinas (E I 10, 27), d. h. der Lackmusflechte Lichen Roccella L., deren Saft in Aquinum zum Rotfärben benutzt wurde und eine Farbe ergab, „die, solange sie frisch war, den Purpur an Schönheit übertraf, aber sich nicht lange hielt" (Marquardt, Privatleben II, p. 506. Blümner, Technologie und Terminologie der Gewerbe und Künste bei Griechen und Römern I, p. 246). Demnach verdienen die aus vegetabilischen Stoffen gewonnenen Farben das Lob „heller als Sternenglanz" (III 1, 42 purpurarum sidere clarior usus) nicht sowohl als der echte Purpur.

Daß nicht erst die Gewebe, sondern schon die Wolle gefärbt wurde†††), geht hervor aus III 5, 28 neque amissos colores

---

*) Daher wird S I 6, 25 sumere depositum clavum richtig dahin erklärt, daß der früher aus dem Senat ausgestoßene Tillius wieder in denselben eintritt.

**) Das beweist S I 6, 28 latum demisit pectore clavum. Daß der clavus nur auf die Tunika zu beziehen ist, geht klar aus der Gegenüberstellung hervor S I 5, 36 praetextam et latum clavum.

***) Marquardt-Mau a. a. O. p. 547.

†) Die S II 4, 84 erwähnten Tyriae vestes gehörten nicht zur Kleidung.

††) Porphyr. z. E II 2, 181 significat enim purpuram Girbitanam. Girba war die römische, von den Libyern entlehnte Benennung der an der kleinen Syrte gelegenen Insel resp. der Stadt auf dieser Insel. Meninx cf. Jung in Jwan Müllers Handbuch III, p. 507.

†††) Marquardt l. l. p. 504. Blümner l. l. p. 219. 221.

lana refert medicata fuco, E I 10, 27 Aquinatem potantia vellera fucum, II 18, 7 nec Laconicas mihi trahunt honestae purpuras clientae, wo trahere jetzt gewöhnlich als „zupfen" resp. „spinnen" erklärt wird*). Häufig fand eine zweimalige Färbung der Wolle statt (cf. II 16, 35 te bis Afro murice tinctae vestiunt lanae, Ep. 12, 21 muricibus Tyriis iteratae vellera lanae, cui properabantur) und zwar regelmäßig beim tyrischen und lakonischen Purpur, „nämlich zuerst in halbgekochtem, eine unbestimmte, changierende Farbe gebenden pelagium**), und darauf in bucinum***); dieser Purpur war dunkelrot, aber in der Sonne farbenspielend und wird zu den kostbarsten Sorten gerechnet" (Marquardt l. l. p. 508).

Auch zeigen die Stellen Ep. 12, 21. II 18, 7, daß vielfach nur die Purpurwolle importiert wurde, die Verarbeitung aber in Italien stattfand, denn E I 17, 30 Mileti textam chlanidem bezieht sich auf einen Griechen und ein griechisches Gewand, welches Römer wahrscheinlich fertig aus dem Osten bezogen.

Der Römer hat aber nicht bloß eine, sondern zwei tunicae, wie schon der Plural an den Stellen S I 2, 25. 26. E I 18, 33 beweist. Doch hat Horaz E I 1, 95 auch den Namen: si forte subucula pexae trita subest tunicae, woraus hervorgeht, daß die subucula zu unterst getragen wurde und gleichfalls von Wolle war.

Weichlinge setzten ihrer Kleidung noch hinzu fasciolas, cubital, focalia (S II 3, 255), welche Horaz als insignia morbi bezeichnet, d. h. da er sie abzulegen rät (ponas), nicht Zeichen einer körperlichen Krankheit, sondern schlaffer Weichlichkeit. Die fasciolae sind um das Bein gewundene und die Stelle der Strümpfe oder Hosen ersetzende Schleifen, cubital wohl Ärmel, focalia Halsbinden. Männlichere Gesinnung deutet das cam-

---

*) So Rosenberg, Kießling, Küster, welche mit Recht auf Cic. Verr. IV 26, 59 verweisen. Blümner, Technologie I, p. 104, A. 1, schwankt noch zwischen den beiden alten Erklärungen von clientae purpuras trahentes = wollezupfend oder ἑλκεσίπεπλοι, p. 221, A. 2, entscheidet er sich für erstere. Eine ganz neue Erklärung liefert Schütz: „hier kann nur die toga praetexta gemeint sein, welche honestae Klientinnen dem Patron zum Geschenk machen".
**) Saft der Purpurschnecke, purpura, pelagia.
***) Saft der Trompetenschnecke, bucinum, murex.

pestre an (E I 11, 18), ein Schurz, den man bei den Kampfspielen auf dem campus Martius trug.

Eine Kopfbedeckung trug der Römer gewöhnlich nicht, Horaz erwähnt nur einmal die Filzkappe*) (pilleolus E I 13, 15), aber bei einem conviva tribulis, der jedenfalls als Landbewohner zu denken ist, und einmal deutet er an, daß man die Kapuze an der lacerna als Kopfbedeckung benutzen konnte (S II 7, 55 caput obscurante lacerna).

Bei der Fußbekleidung sind der Schuh (calceus)**) und die Sandale (solea) zu unterscheiden; ersterer gehört zur Toga***), wie die Zusammenstellung S I 3, 31 (rusticius tonso toga defluit et male laxus In pede calceus haeret) zeigt, darf weder zu weit sein (E I 10, 43 calceus, si pede maior erit, subvertet), noch zu eng (ib. si minor, uret). Eine besondere Art des calceus ist der Senatorenschuh †), der durch 4 schwarze bis in die Mitte des Schienbeines reichende Schnürriemen befestigt wurde (S I 6, 27 ut quisque insanus nigris medium impediit crus Pellibus). — Die soleae††) (S I 3, 128) sind flache, im Hause getragene Sohlen, die man ablegte, wenn man zu Tische ging, womit freilich der wackere conviva tribulis E I 13, 15 nicht recht zustande kommt — und wieder anlegte, wenn man von der Mahlzeit aufstand (S I 8, 77 et soleas poscit). — Zwischen calceus und solea in der Mitte stehen die crepidae†††) (S I 3, 127), die

---

*) O. Weise a. a. O. p. 184: „die älteste zum Schutze des Kopfes dienende Tracht der Europäer, mindestens der Gräkoitaliker."

**) Balduinus de calceo antiquo p. 71 „sed quinam tandem veterum calceorum color? uno verbo, pro civili more, virorum nigri, mulierum ut plurimum albi'.

***) Salmasius ad Tertull., de pallio in Benedictus Balduinus de calceo antiquo Amstelodami 1667 p. 151 „apud Romanos toga sine calceis non sumebatur nec calcei sine toga".

†) Dem mulleus, dem Patricierschuh, nachgebildet, welcher „dem Namen nach griechisch (wahrscheinlich von der rötlichen Barbe $\mu \acute{u} \lambda \lambda o \varsigma$ = mullus) benannt ist" (O. Weise a. a. O. p. 186), cf. Rubenius De re vestiaria p. 191.

††) Von solum, Boden, „trotz ihres römischen Namens sicherlich nur Imitation griechischen Gebrauchs" (O. Weise ib.), cf. Jul. Nigronus De caliga veterum Amstel. 1667, p. 84.

†††) Balduinus l. l. p. 99 ‚leve hoc admittant discrimen, quod soleae

als Halbschuhe zu denken, griechischen Ursprungs sind und „immer eine mehr griechische Tracht blieben" (O. Weise a. a. O. p. 186).

Die Frauenkleidung.

Der Männertoga entspricht die **palla**, denn sie ist ein Umwurf (S I 2, 99 circumdata palla) von weißer Farbe, denn S I 8, 23 (vidi egomet **nigra** succinctam vadere palla Canidiam) läßt Horaz die Zauberin C. bei ihrem nächtlichen unheimlichen Treiben eine schwarze Palla tragen. Auch Medea benutzt die palla zu frevelhaftem Beginnen (Ep. 5, 65 cum palla, tabo munus imbutum, novam Incendio nuptam abstulit).

Statt der Palla müssen Buhlerinnen die toga tragen, wie der Gegensatz S I 2, 63 (quid inter est in matrona, ancilla peccesne togata) zeigt. Infolge dieser Vorschrift ist togata allein (S I 2, 82) verständlich.

Das Untergewand der Frauen ist die **stola** (S I 2, 71 velatus stola), an welcher unten eine Falbel (S I 2, 29 subsuta — **instita** veste) angenäht und welche durch einen Gürtel zusammengehalten wird. Diesen Gürtel nennt Horaz, wie den an der Männertunika, **zona**, offenbar eine Schnur, da Europa sich damit aufhängen will (III 27, 59 zona bene te secuta laedere collum), und zu einem Knoten (nodus*)) verschlungen. Mittelst des Gürtels kann man das Kleid höher schürzen (Ep. 5, 25 expedita Sagana, S I 8, 23 succincta) oder tiefer herabfallen lassen (S I 2, 99 ad talos stola demissa), wie es die Sitte für anständige Frauen forderte (S I 2, 94. 95 matronae praeter faciem nil cernere possis, Cetera, in Catia est, **demissa veste** tegentis).

Als stolae sind auch die **Coae purpurae** (IV 13, 13) auf-

---

simpliciores essent, crepidae vero crassiores, in quibus nimirum duae saltem simplices soleae simul essent compactae'.

*) Es ist unbegreiflich, wie die Herausgeber I 30, 5 solutis Gratiae zonis und III 21, 22 segnesque nodum solvere Gratiae trennen und letzteren Ausdruck übertragen (= Eur. Hipp. 1147 συζύγιαι Χάριτες) fassen können. Dabei bemerkt noch Kießling zu III 27, 59 vollständig sachgemäß: „zona, der Gürtel, das Symbol ihrer bewahrten Jungfräulichkeit."

Die Frauenkleidung. Schmuck und Zierrat.

zufassen, d. h. aus dem Gespinnst des koischen bombyx*) gewebte Purpurgewänder, deren Natur aus S I 2, 101 (Cois tibi paene videres ut nudam) ersichtlich ist.

Die **Fußbekleidung** der Frauen war von der der Männer nicht verschieden, doch darf man aus S I 2, 123 (munda hactenus ut neque longa nec magis alba velit quam dat natura videri) wohl schließen, daß viele Frauen Stiefelchen mit hohen Absätzen trugen, denn hier haben wir fast eine Übersetzung von Xen. Oec. X, 2 ἰδών ποτε αὐτὴν ἐντετριμμένην πολλῷ μὲν ψιμυθίῳ, ὅπως λευκοτέρα ἔτι δοκοίη εἶναι ἢ ἦν.. ὑποδήματα δ'ἔχουσαν ὑψηλὰ, ὅπως μείζων δοκοίη εἶναι ἢ ἐπεφύκει.

Schmuck und Zierrat.

Allgemeine Bezeichnungen für Schmuck giebt es bei Horaz nicht, wohl aber könnte man an munditiae, cultus, insignia denken. Indessen **munditiae** (I 5, 5 simplex munditiis, E II 1, 159 grave virus munditiae pepulere) bezeichnet die Reinlichkeit, Sauberkeit im Gegensatz zu sordes (II 10, 7) oder virus (E II 1, 159); **cultus** ist bei Horaz durchweg als Brauch, Sitte zu fassen, wie I 10, 2 qui feros cultus hominum recentum Voce formasti, daher kann cultus virilis I 8, 15 nicht wie bei Quint. XI 3, 137 „männliche Kleidung" und regales cultus IV 9, 15 nicht „königliche Kleidung" bedeuten, sondern „Mannes- und höfischer Brauch"; **insignia** sind die Abzeichen und Standesauszeichnungen, so Ep. 5, 12 (insignibus raptis puer) die praetexta und bulla des Knaben, S II 7, 53 (proiectis insignibus, anulo equestri Romanoque habitu) Ring und Toga des Ritters.

Der einfachste und natürlichste Schmuck besteht in der Kör-

---

*) Marquardt, Privatleben II, p. 495: „in Cos gab es in der That eine einheimische Bombyxart, welche auf der Cypresse, dem Terpentinbaum, der Eiche und Esche lebt und noch vorhanden ist." O. Weise a. a. O. p. 183 und Blümner, Technologie I, p. 191 sprechen noch von halbseidenen Gewändern, welche aus durch Auflösung fertiger Seidenzeuge gewonnenen Fäden und aus Baumwolle oder Leinwand hergestellt wurden resp. von Cocons, welche nach Cos eingeführt, dort aufgelöst und verarbeitet wurden.

perpflege, ein incultum corpus (S I 3, 34), ein incomptum caput (Ep. 5, 16 cf. E I 7, 90 scabrum intonsumque) war bei den Römern ein Makel, unter Umständen ein Zeichen von Tollheit, wie E II 3, 297 non unguis ponere curat, non barbam (vom Dichter gesagt), S II 3, 126 caput inpexa foedum porrigine (vom Geizhals).

In Betracht kommen hier Haar, Bart, Zähne und Nägel.

Das Haar der Römer war, wie das der Griechen (I 32, 11), in der Regel schwarz (E II 3, 37 spectandum nigris oculis nigroque capillo), und Horaz wünscht E I 7, 26 die schwarzen Haare seiner Jugend zurück. Doch hatten die römischen Damen zur Zeit des Horaz eine Vorliebe für hellblondes Haar*) (flava coma I 5, 4 cf. Phyllis flava II 4, 14, flava Chloe III 9, 19, Ganymedes flavus IV 4, 4). Die Mitte zwischen schwarz und hellblond bezeichnet nach Porphyrio z. b. St. murreus (III 14, 22).

Oft feiert Horaz das volle (spissa coma III 19, 25), langwallende Haar (longa coma Ep. 11, 28, soluti crines II 5, 23, sparsus umerus capillis III 20, 14) schöner Knaben**) und rechnet es IV 10, 1 unter die Gaben der Venus, freilich unter die vergänglichen, denn beim Eintritt in das Jünglingsalter werden die Locken abgeschnitten (IV 10, 3 et quae nunc umeris involitant, deciderint comae) und den Göttern geweiht. Der erwachsene Römer ließ sich zu Horaz' Zeit das Haar scheren. Die Altvordern freilich hatten dies nicht gethan (I 12, 41 intonsis Curium capillis. II 15, 11 intonsi Catonis). Was wußten die aber auch von der Pflege des Haares! Dem Baden (IV 6, 26 Xantho lavis amne crines, III 4, 62 rore puro Castaliae lavit crinis solutos), Kämmen (pectes caesariem I 15, 14), Salben (I 29, 8 capilli uncti. III 20, 14 odorati, S II 7, 55 odoratum caput, I 5, 2 perfusus liquidis odoribus, E I 14, 32 capilli

---

*) Die Nereiden haben natürlich grünliches Haar (III 28, 10 virides comas).

**) So hat auch der jugendliche (intonsus Cynthius I 21, 2) Gott Apollo III 4, 62 soluti crines; andrerseits wird der Conidia S I 8, 24 passus capillus zugeschrieben, weil das einmal zum Zauberapparat gehört, cf. Ep. 5, 27 horret capillis ut marinus asperis echinus aut currens aper.

nitidi, II 7, 7 nitentes) und Frisieren desselben (IV 9, 13 compti crines, II 11, 23 comptus nodus). Die einfachste Haartour war es, die Locken flattern zu lassen (IV 10, 3. III 20, 14. Ep. 15, 9 intonsosque agitaret Apollinis aura capillos), mehr Kunst schon verrät das Zusammenschlingen zu einem Knoten (II 11, 24 religata comam in nodum, III 14, 22 nodo cohibere crinem, I 5, 4 religas comam, IV 11, 5 crinis religata, II 19, 19 nodo coercere crines). Es verdient besonders bemerkt zu werden, daß auch Knaben ihr Haar so trugen, denn Ep. 11, 28 heißt es von einem Knaben, daß er sein Haar „entknotet" (pueri longam renodantis comam). Eine vollständige Perücke scheint das S I 8, 48 erwähnte altum caliendrum *) zu sein.

Wenn die eben erwähnten Haartrachten auch nur Frauen, höchstens Knaben, betrafen, so gab es doch auch für die Männer eine Art Mode: es war gleich tadelnswert, wenn der Barbier einem Stufen ins Haar schnitt (E I 1, 94 si curatus inaequali tonsore capillos occurri, rides), als wenn er einem die Haare zu kurz abschnitt (E I 18, 7 se commendat tonsa cute). Im Haarschnitt unterschied sich eben der feine Mann vom Bauern (S I 3, 31 rusticius tonso).

Natürlich braucht man zu einer solchen Pflege des Haares mannigfache Hilfsmittel und Helfer. Unter den Hilfsmitteln sind vor allem zu nennen die Salben und Haaröle (unguenta II 3, 13. 7, 23. III 14, 17, odores liquidi I 5, 2 — der Gegensatz ist crassum unguentum E II 3, 375). Hier gehört an sich das Olivenöl**) nicht her, denn es dient zum Einreiben des Körpers für die Kampfspiele (S I 6, 123 unguor olivo, I 8, 8 cur olivum sanguine viperino cautius vitat). Indessen bildete es den Grundstoff für eine ganze Reihe von feinen Ölen, indem man mit demselben einen feinen Riechstoff mischte, und so entstanden eine Menge flüssiger Öle und festerer Salben***), z. B.

---

*) = κάλλυντρον nach O. Weise a. a. O. p. 187.
**) „In Ägypten war das Olivenöl wenig verbreitet, wenn auch die Olive selbst im Lande vorkam, cf. Theophr. IV 2. Plin. 15, 15. Strabo 17, 809." Wiedemann, Herodots 2. Buch, p. 363.
***) Becker-Rein, Gallus III, p. 116. Marquardt-Mau, Privatleben II, p. 784 ff.

das Nardenöl (Ep. 5, 59 nardo perunctus, IV 12, 17) d. h. das Öl aus der Blüte des indischen und arabischen Nardengrases (daher II 11, 16 Assyria nardo uncti, Ep. 13, 8 Achaemenio perfundi nardo), das Öl der indisch-persischen Rostwurz*) (III 1, 44 Achaemenium costum), ferner das Palmenöl (E II 2, 184 ungui Herodis palmetis pinguibus), das Zimmt- oder Betelöl (II 7, 8 nitentis malobathro Syrio capillos), das Öl der arabischen Behenn-Nuß (III 29, 4 pressa tuis balanus capillis).

Aufbewahrt wurden diese Salben in kleinen Fläschchen von Onyx oder Alabaster nach Plin. 36, 60 hunc (onychem) aliqui lapidem alabastritem vocant (IV 12, 17 nardi parvus onyx) oder in größeren Muscheln (II 7, 22 funde capacibus unguenta de conchis), gekauft wurden sie vom unguentarius (S II 3, 228).

Erwähnt müssen hier auch die Kränze (coronae III 14, 17, coronatus II 7, 7) werden, deren man zwei trug, einen auf dem Kopf (S I 10, 49 haerentem capiti coronam, I 17, 27 haerentem coronam crinibus), den andern um den Hals (S II 3, 256 ex collo furtim carpsisse coronas). Dieselben werden mit Lindenbast (I 38, 2 nexae philyra coronae) gewunden aus Rosen**) (II 11, 15 rosa odorati capillos), Myrten (II 7, 25. I 38, 5 simplici myrto nihil adlabores), Epheu (I 1, 29 doctarum hederae praemia frontium, IV 11, 5 est hederae vis qua crinis religata fulges), Eppich (IV 11, 3 nectendis apium coronis, II 7, 24), Pappellaub (I 7, 23 tempora populea vinxisse corona), Ähren (C. S. 30 corona spicea). Gerühmt wird als Kranzwinderin***) (opifex coronae III 27, 30) Europe. Übrigens sind nicht bloß die schmausenden Herren, sondern auch die aufwartenden Sklaven bekränzt (I 38, 6), wie auch gesalbt (I 29, 7).

Daß die Frauen auch Bänder im Haar trugen, ist aus III 14, 8 (decorae supplice vitta) zu schließen, wo die Rede ist von

---
*) O. Weise p. 145.
**) Aufzählung der Kranzgewächse bei Theophr. h. pl. VI c. 8.
***) I 26, 7 necte coronam, II 7, 24 deproperare c. cf. die dritte Scene in Böttigers Sabina p. 175 ff.

einem allgemeinen Dankfest, das einen besondern Festschmuck er=
forderte. Im Gegensatz dazu erscheint ein unheimlicher Schmuck
an der Canidia Ep. 5, 15 brevibus inligata viperis.

Die Helfer bei der Pflege des Haares sind die cini-
flones (S I 2, 98), Sklaven, welche die Brenneisen zum Kräu=
seln der Haare heiß machen, und die Barbiere (tonsores S I 7, 3).
Der Barbier hat auch die Pflege des Bartes unter sich.
In Horaz' Zeit trug man das Gesicht glatt, ironisch wünscht er
dem Damasipp (S II 3, 17 di te deaeque verum ob consilium
donent tonsore), dessen Philosophenbart er verspottet, als Lohn
für seine guten Ratschläge einen Barbier. Diese Künstler hatten
ihre Buden auf den Straßen (E I 7, 50 adrasum — dies ist
der t. t. — quendam vacua tonsoris in umbra), waren übrigens
wegen ihrer Schwatzhaftigkeit verrufen (S I 7, 3).

Die Pflege der Zähne wurde von den Römern nicht ver=
nachlässigt. Wenn jemand für schön gelten will, so prüfen die
Mädchen auch, wie seine Zähne beschaffen sind (S I 6, 33), und
schwarze Zähne sind unter allen Umständen häßlich (II 8, 3 dente
si nigro fieres turpior, IV 13, 10 luridi dentes te turpant,
Ep. 5, 47 dens lividus, Ep. 8, 3 dens ater, E I 18, 7). Cani=
bia trägt falsche Zähne (S I 8, 48).

Die Fingernägel*) müssen sauber sein (E I 7, 51 cul-
tello proprios purgantem leniter unguis), nicht zu lang (E II
3, 297 non unguis ponere curat, Ep. 5, 47 inresectus pollex),
sodaß man mit ihnen etwa die Erde aufwühlen könnte (S I 8, 26
scalpere terram unguibus), und richtig beschnitten (I 6, 17 sectis unguibus, E I 1, 104 prave sectum stomacheris ob unguem).
Schwarze Flecken in den Fingernägeln galten als schlimmes Zeichen
(II 8, 4).

An das Ende dieser Ausführungen über Körperpflege stellen
wir die pastilli (S I 2, 27. 4, 92), wohlriechende Kügelchen
zur Verbesserung des Atems, und die Schminke (fucus), von
der Horaz zwei Arten erwähnt, die rote (S I 2, 83) — die rote
Farbe steht fest durch E I 10, 26. 27. III 5, 27. 28 — und

---

*) Ad unguem factus homo S I 5, 32 ist vom Bildhauer entlehnt
und bedeutet einen feingebildeten Menschen.

weiße (S I 2, 123 ut neque longa nec magis alba velit quam dat natura videri). Das Material für die weiße Schminke sehen wir angegeben Ep. 12, 10. 11 umida creta coloroque stercore fucatus crocodili, zugleich lernen wir in dem stercus crocodili ein Mittel, den Glanz der Haut zu heben, kennen.

Den **Spiegel** erwähnt Horaz nur einmal (IV 10, 6 quoticus te speculo videris alterum), es ist aber aus der eben geschilderten Ausdehnung der Körperpflege klar, daß er zu des Dichters Zeit einfach unentbehrlich war.

Es bleibt nur noch übrig, die eigentlichen **Schmucksachen** zu betrachten. Da ist zu unterscheiden zwischen dem **Amtsschmuck** und dem nur aus **Putzsucht angelegten Schmuck**. Zu ersterm ist zu rechnen die **Königskrone**, eigentlich nur die persische Tiara, deren Spitze das eine Mal (apex I 34, 14, iratos regum apices III 21, 19), deren blaues *) Band das andere Mal (diadema II 2, 21) erwähnt wird. Ferner gehören hierher der **Ritterring** (anulus equester S II 7, 53), die **Halsketten****) (torques exigui III 6, 12), welche tapfern Soldaten beim Dichter vom Partherkönig, in Wirklichkeit von römischen Feldherrn gegeben werden.

Öfter wird der aus Putzsucht angelegte Schmuck erwähnt. III 24, 48 schlägt Horaz vor, allen Schmuck (gemmas et lapides, aurum et inutile, summi materiem mali) aufs Kapitol zu tragen, d. h. dem Juppiter zu weihen oder ins nächste Meer zu werfen. Die Edelsteine (gemmae E I 6, 18. E II 2, 180) heißen IV 13, 14 cari lapides, und S I 2, 80 (inter niveos viridisque lapillos sit licet) werden offenbar Perlen und Smaragde erwähnt. Die Perlen müssen sehr beliebt gewesen sein, eine ausgezeichnete Perle, eine Million wert, trug Metella im Ohr (S II 3, 241 insignem bacam detractam ex aure Metellae), und die lüsterne Alte aus Ep. 8, 14 ist behangen mit großen Perlen (rotundioribus onusta bacis). Goldsachen trug man in Form von Armspangen oder Ringen (I 9, 23 pignus dereptum lacer-

---

*) Curtius III 3, 10 Cidarim Persae regium capitis vocabant insigne; hoc caerulea fascia albo distincta circumibat.

**) D. Weise a. a. O., p. 190, A. 1: „die gewundene Halskette der nördlichen Völker nahm man in Rom nur als militärische Belohnung auf."

tis aut digito); indes viele Ringe zu tragen, war auch zu Horaz'
Zeit noch anstößig (S II 7, 9 notatus cum tribus anellis).
Auch goldne Kettchen (catella E I 17, 55) kommen vor, aber die
einmal erwähnten Kniespangen*) (E I 17, 56 periscelis) scheinen
nur von Libertinen getragen zu sein**).

---

*) O. Weise a. a. O. p. 189: „ein das Gelenk des Fußes, die Knöchel,
zierendes Band".

**) Für diesen ganzen Abschnitt konnte benutzt werden: H. Strimmer,
Kleidung und Schmuck der Römer zur Zeit des Horaz, nach dessen eignen
Gedichten zusammengestellt. Progr. Meran 1889.

Die Wohnung.

Unserm Wort „Haus" entspricht am besten das lateinische domus*). Wir haben es hier nicht mit der übertragenen Bedeutung zu thun, wenn domus z. B. „Geschlecht" ist (I 6, 5 saeva Pelopis domus, III 16, 12 auguris Argivi domus) oder „Heim" bedeutet (II 6, 7 sit domus lasso maris et viarum, IV 5, 12 dulci distinet a domo, Ep. 11, 20 iussus abire domum, Ep. 16, 27 neu conversa domum pigeat dare lintea), auch sehen wir hier von den Fällen ab, wo die Bedeutung von domus in der Mitte steht zwischen übertragenem und natürlichem Gebrauch (II 12, 8 fulgens Saturni domus, S I 9, 49 domus hac [des Mäcenas] nec purior ullast nec magis his aliena malis, Ep. 5, 53 in hostilis domos iram atque numen vertite) oder als „Behausung" im weitesten Sinne zu fassen ist (III 24, 10 quorum [sc. Scytharum] plaustra vagas rite trahunt domus, I 4, 17 domus exilis Plutonia), sondern wir haben es lediglich mit der natürlichen Bedeutung von domus zu thun. Aber auch dann noch hat dies Wort einen weiten Umfang. Es bezeichnet den städtischen Palast (II 3, 17 cedes ... et domo villaque, E I 2, 47 domus et fundus, ib. 51 domus et res), wie das italische Landhaus (S I 5, 38 Murena praebente domum [in Formiae]), das vornehme (potens I 35, 23, dives Ep. 2, 65, plena IV 12, 24, alta Ep. 9, 3. S II 6, 114, egregia S II

---

*) O. Weise a. a. O. p. 198: „die übereinstimmende Bezeichnung des Hauses als „gebaut, gezimmert" gestattet uns die Annahme, daß unsere Altvordern schon in ihren asiatischen Sitzen sich ein Obdach aus Holz gefügt haben." W. 1 skr. dama, δόμος, domus.

3, 24, so auch Iliacas domos I 15, 36), wie das ärmliche Haus (humilis III 1, 22, exilis E I 6, 45, so auch die vom Tiber weggeschwemmten Häuser III 29, 37)*).

Nur die natürliche Bedeutung von domus haben aedes (sing. I 30, 4 decora, pl. S II 7, 11 magnae, E I 7, 89 Philippi aedes) und tectum**) (sing. II 3, 19. E I 6, 20, obsoletum II 10, 6, ländliches Haus S II 6, 2 tecto vicinus iugis aquae fons, pl. II 19, 15 tecta Penthei disiecta non levi ruina, III 3, 60 tecta Troiae, III 10, 6 pulchra).

Nur die übertragene Bedeutung von domus hat sedes = „das Heim", wie besonders aus der Gegenüberstellung von domus II 6, 6. 7 (sit sedes meae utinam senectae, sit domus lasso) erhellt. Sedes bezeichnet ebensowohl das Nest der Tauben (I 2, 10 nota quae sedes fuerat columbis) als das bei Tänaron beginnende Reich der Unterwelt (I 34, 10 invisi horrida Taenari sedes), den Aufenthaltsort der Seligen (I 10, 17 laetae, II 13, 23 discretae piorum sedes) und der Götter (III 3, 33 lucidas inire sedes). Dagegen wird der Ausdruck priores sedes tenere IV 9, 5 mit Recht von den Auslegern auf die προεδρία bezogen.

Noch beschränktere Bedeutung haben aula „Palast" (II 18, 31, invidenda II 10, 7, vacua IV 14, 36 [von Alexandrea], inanis III 11, 15 [vom Hades]), regia (II 18, 6, umschrieben durch monumenta regis I 2, 15) und das Gegenteil casa „Hütte" (aedificare casas S II 3, 247. 275) und deversorium „Einkehrhaus" (deversoria nota E I 15, 10).

Das Haus eines römischen Großen muß eine gute Aussicht haben (E I 10, 23 laudatur domus longos quae prospicit agros), daher werden im Gegensatz zu den Hütten der Armen (I 4, 13 pauperum tabernae)***) solche Häuser turres (regumque t. ib.)

---

*) Ein Haus bauen struere II 18, 19, ponere E I 10, 13, verschließen claudere III 7, 29, aufschließen recludere E II 1, 104, mit Gewalt öffnen expugnare III 15, 9.

**) Einmal übertragen S I 5, 103 altum caeli tectum, aber Horaz referiert hier fremde Meinungen cf. v. 101.

***) Nissen, Pompejanische Studien zur Städtekunde des Altertums, p. 600: „tabernae, Läden und Werkstätten, in der Regel mit einem zweiten Wohnraum dahinter oder darüber verbunden".

oder moles (regiae II 15, 1) genannt, wie das des Mäcenas (III 29, 10 molem propinquam nubibus arduis).

Wenn wir nun zu den einzelnen Teilen des Hauses übergehen, so ist zuerst die Baustelle zu erwähnen (E I 10, 13 ponendaeque domo quaerenda est area primum), darnach die Außenmauern (E I 18, 84 tua res agitur, paries cum proximus ardet — eine Stelle, welche beweist, daß man in Rom Haus an Haus rückte, ohne Zwischenraum zu lassen — I 5, 13 paries sacer, III 26, 4 hic paries habebit arma, beidemal von Tempelwänden gesagt), dann die Fenster*), welche durch zweigeteilte hölzerne Läden geschlossen werden können**) (I 25, 1 parcius iunctas quatiunt fenestras iactibus), und das Dach (S I 5, 45 villula tectum praebuit, E I 10, 32 sub paupere tecto), dessen Höhe (S I 5, 73 flamma summum properabat lambere tectum, S I 2, 41 hic se praecipitem tecto dedit) oder Gebälk öfter hervorgehoben wird (III 2, 28 sub isdem trabibus), wogegen Horaz an seiner eignen Villa S II 3, 10 das zur Winterzeit (v. 5) wärmende Strohdach preist (si tepido cepisset villula tecto).

In das Haus gelangt man durch das vestibulum (Nebenform von stabulum Nissen a. a. O. p. 632 nach Marquardt; Mau Privatleben², p. 227, A. 2 schließt sich Ribbecks Erklärung an: ve — stabulum = abgesonderter Vorplatz), den „Platz zwischen der Straßenlinie und der Hausthüre, auf welchem die zur salutatio sich versammelnden Klienten warteten, bis das Haus geöffnet wurde" (Marquardt-Mau a. a. O., p. 224), oder die sich vor der ganzen Façade des Hauses hinziehende Estrade, welche in Pompeji bei der casa de' Diadumeni 0,85 m hoch, 1,59 m breit ist

---

) O. Weise a. a. O. p. 197: „wahrscheinlich ein Vermächtnis der Dorer Großgriechenlands". Nissen a. a. O. p. 639: „der Name fenestra wird für ein Fremdwort gehalten ($\varphi\alpha\nu\dot\eta\sigma\tau\rho\alpha$, $\varphi\alpha\nu\dot o\pi\tau\eta\varsigma$)".

**) O. Weise a. a. O. behauptet, daß auch der Gitterverschluß der Fenster und Thüren (clatri = $\kappa\lambda\tilde\alpha\vartheta\rho\alpha$) von den Dorern zu den Römern gekommen sei. Horaz hat clatri (caveae E II 3, 473) nur einmal (betr. eine Thür), das Gitterwerk fürs Fenster schreibt Nissen a. a. O., p. 598 hauptsächlich dem Orient zu. Glasscheiben erwähnt Seneca zuerst Ep. 90, 25, bis dahin waren die Fenster „durch Läden zu verschließende Lichtöffnungen" (Marquardt-Mau, Privatleben I, p. 221).

Wohnung. 73

(Nissen a. a. O. p. 631). Die erstere einfache Form fand sich beim gewöhnlichen Bürgerhaus, die zweite beim Palast, wo „aus der früheren Stallung ein prachtvolles Entree hergerichtet war" *) (Nissen p. 632).

Auf das vestibulum beziehe ich I 9, 21 nunc et latentis proditor intimo gratus puellae risus ab angulo, da diese Scene weder im Hause — auch III 9. 10 finden wir den Liebhaber vor der Thür der Geliebten — noch auf einem freien Platze gedacht werden kann, somit die Definition des C. Älius Gallus bei Gellius N. A. XVI 5: vestibulum esse dicit non in ipsis aedibus neque partem aedium, sed locum ante ianuam domus vacuum, per quem a via aditus accessusque ad aedis est, cum dextra sinistraque tecta sunt viae iuncta atque ipsa ianua procul a via est hier genau zutrifft.

Auch eine zweite Horazstelle beziehe ich auf das vestibulum, gestützt auf Sen. ep. 84, 12 intueris illas potentium domos, illa tumultuosa rixa salutantium limina? multum habent contumeliarum, ut intres, plus, cum intraveris. praeteri istos gradus divitum et magno adgestu suspensa vestibula: non in praerupto tantum illic stabis, sed in lubrico. Darnach scheint es mir höchst wahrscheinlich, daß I 35, 2 o diva ... praesens vel imo tollere de gradu mortale corpus keine blasse Abstraktion vorliegt — welche neben dem wirksamen Parallelgliede vel superbos vertere funeribus triumphos höchst matt wäre — sondern eine konkrete Darstellung der Vorgänge bei den salutationes, die Horaz ja aus eigner Erfahrung kannte.

Aus dem Vestibulum führt die Thür ins Atrium, wie auf der entgegengesetzten Seite eine Hinterthür ins Freie (E I 5, 31 atria servantem postico falle clientem). Die Hausthür heißt foris**) (S I 2, 67 exclusus fore), gewöhnlich pl. fores (III 10, 3 asperas porrectum ante foris, III 16, 2 robustae fores eichne Thüren an dem mit Eisenplatten verwahrten Verließ der

---

) Eine allgemeine Definition giebt Overbeck, Pompeji, p. 219: „das Vestibulum ist ein gegen die Straße unverschlossener Flur, in dessen Grunde die Hausthür sich befindet".

**) Nach O. Weise a. a. O. p. 193 reicht dies Wort bis in indogermanische Zeiten hinauf.

Danae — turris aenea v. 1 — III 26, 8 oppositis foribus minacis, S II 7, 90 foribusque repulsum perfundit gelida), porta (E II 3, 199 apertis otia portis, S I 4, 61 portas refringere, III 27, 41 porta eburna am Hause des Habes, III 16, 14 diffidit urbium portas das Stabtthor), ostium (S I 1, 10 sub galli cantum consultor ubi ostia pulsat), ianua (I 25, 4. III 9, 20 patet ianua Lydiae, III 10, 5 quo strepitu ianua remugiat ventis — S I 2, 128 ianua frangatur ist wohl die Thür des cubiculum zu verstehen —). Die Hausthür ist also öfter*) eine Flügelthür, aber auch dann nicht so breit, wie die Flügelthüren der Innenräume (valvae), von denen ausdrücklich erwähnt wird, daß sie beim Zuklappen großes Geräusch machen (S II 6, 112 valvarum strepitus lectis excussit utrumque).

Die Thür ist nun vermittelst der cardines (I 25, 5 ianua, quae prius multum facilis movebat cardines), d. h. Zapfen in der obern und untern Thürschwelle befestigt (limen superum resp. inferum Becker-Rein Gallus II p. 189). Letztere wird κατ' ἐξοχήν limen genannt (S I 5, 99 limen sacrum von einem Tempel), sie ist in vornehmen Häusern von Marmor (E I 18, 73 intra marmoreum venerandi limen amici, cf. Ep. 2, 7. 8 superba civium potentiorum limina), ihre Bedeutung beruht darin, daß bei ihr die Grenze des Hauses ist (E I 19, 36 laudet ametque domi, premat extra limen iniquus). Sie schilt der Liebhaber, dem der Eintritt verwehrt wird, hart (Ep. 11, 22 limina dura, quibus lumbos et infregi latus cf. I 25, 4 amatque ianua limen) und droht, daß er nicht ewig vor ihr liegen werde (III 10, 19 non hoc semper erit liminis patiens latus).

Zur Thür gehören ferner die Thürpfosten (Ep. 11, 21 ad non amicos heu mihi postes, S I 4, 61 Belli ferratos postes) und der Thürverschluß. Daß das Haus abends verschlossen und morgens aufgeschlossen wurde, daß Fremde an dasselbe anklopfen, haben wir schon gesehen; daher macht es nichts aus, daß clavis gar nicht (E I 20, 3 odisti claves von den scrinia, den

---

*) „In der Regel zweiflügelig (fores)" Marquardt-Mau a. a. O. p. 229; fores sind nach Forbiger, Hellas und Rom², I, 1876, p. 251, A. 22: „einfache Flügelthüren, valvae breite, aus mehreren zusammenklappenden Teilen bestehende Thüren".

Bücherbehältern, II 14, 26 Caecuba servata centum clavibus, S II 3, 146 ut heres iam circum loculos et clavis laetus ovansque curreret von der (Gelbkiste) und claustrum*) nur an einer Stelle (E II 1, 255 claustraque custodem pacis cohibentia. Janum) von der Hausthür gebraucht werden. Den ianitor aber erwähnt Horaz ausdrücklich (III 14, 23 si per invisum mora ianitorem fiet).

Das atrium (E I 5, 31, als aula bezeichnet E I 1, 87) erlebt gegen das Ende der Republik eine vollständige Umänderung, cf. III 1, 45. 46 cur novo sublime ritu moliar atrium? Früher war es allgemein das Familienwohnzimmer, hier stand der Herd (Ep. 2, 43 sacer focus) und das Ehebett an der Rückseite, am Eingange der Schutzgott des Hauses (lar), in diesem Raum fand auch der Geldkasten seinen Platz und in den Häusern der Nobilität die imagines der Vorfahren. Auch noch zu Horaz' Zeit hat das Atrium auf dem Lande und in kleineren städtischen Haushaltungen seine ältere Einrichtung und Bedeutung behalten. So ist der Herb noch an seiner alten Stelle in den sabinischen und apulischen Bauerhäusern (Ep. 2, 43 Sabina qualis aut perusta solibus pernicis uxor Appuli sacrum vetustis exstruat lignis focum), sicher auch noch auf Horaz' Landhause, da er sein Gütchen a potiori E I 14, 2 agellum habitatum quinque focis nennt, wie in seinem Stadthause (E I 5, 7 iandudum splendet focus et tibi munda supellex) und in dem des Thaliarchus (I 9, 5 dissolve frigus ligna super foco large reponens). Noch findet sich auch bei einem Reichen das Ehebett öfter im atrium (E I 1, 87 lectus genialis in aula est). Noch finden sich auf dem Lande die Laren im alten Familienzimmer, noch werden hier die Mahlzeiten eingenommen (Ep. 2, 65. 66 positosque vernas, ditis examen domus, circum renidentis laris, S II 2, 65 o noctes cenaeque deum, quibus ipse meique ante larem proprium vescor vernasque procacis pasco libatis dapibus). Daß der Geldkasten später aus dem Atrium fortgeschafft wurde, geht aus Servius z. Aen. IX 645 hervor: quod in ingenti honore

---

*) Nur pl. sonst noch erwähnt III 11, 43 neque inter claustra tenebo, E I 14, 9 amat spatiis obstantia rumpere claustra.

apud maiores fuit. illic (wozu Thilo bemerkt i. c. in aede, quae vox in aeditui nomine latet, aedem autem atrium intellexit grammaticus) enim et epulabantur et deos colebant; census etiam omnis illic servabatur. Da nun in mehreren Häusern in Pompeji „der Geldkasten am Eingange des tablinum vorhanden war" (Marquardt=Mau, Privatleben b. R., p. 240 und A. 6), so ist für Horaz' Zeit sein Standort ebenfalls dort, also an der Rückseite des Atriums anzunehmen.

Der eigentliche Name des Geldkastens ist arca (S I 1, 67 at mihi plaudo ipse domi, simulac nummos contemplor in arca), doch gebraucht Horaz auch loculi (S I 3, 17 nil erat in loculis, S II 3, 146 ut heres iam circum loculos curreret, E II 1, 175 nummum in loculos demittere). Die Verwandtschaft und zugleich den Unterschied zwischen arca und loculi macht klar Juv. 1, 89. 90 neque enim loculis comitantibus itur ad casum tabulae, posita sed luditur arca. Die arca, nach Juv. 14, 259 aerata, entspricht etwa einem Geldschrank, die loculi einer Geldschatulle.

Endlich erwähnt Horaz auch Geldsäcke (S I 1, 70 congestis undique saccis indormis inhians, S II 3, 148 mensam poni iubet atque effundi saccos nummorum, accedere pluris ad numerandum). Es ist wohl anzunehmen, daß loculi und sacci in der arca verwahrt wurden, wogegen das Schlafen auf den Geldsäcken keineswegs spricht, denn das ist ebenso zur Charakterisierung des Geizhalses gesagt, als wenn der Dichter ihn seine Augen am Gelbe in der arca weiden läßt*).

Noch haben wir die im Atrium befindlichen imagines zu erwähnen, die Wachsmasken der Ahnen (vorausgesetzt daß man Ahnen hatte und nicht zu den viros nullis maioribus ortos S I 6, 10 gehörte), welche an den Wänden angebracht und mit Inschriften (tituli), die Namen, Würden und Thaten der Verstorbenen angaben, versehen waren. Diese tituli nennt der Dichter freilich

---

*) Höger, Kleine Beiträge zur Erklärung des Horaz. Progr. Freising 1891, p. 72: „Nicht vom Golb, das er noch nicht hat, sondern von dem, auf welchem er liegt, ist die Rede, nicht von Gierde nach mehr ist hier die Rede, sondern nach dem, welches ihn umgiebt."

inanes (S II 3, 212), aber die große Menge staunt sie doch bewundernd an (S I 6, 17 populus .. qui stupet in titulis et imaginibus). Die Verwendung der imagines giebt an Ep. 8, 11 funus atque imagines ducant triumphalos tuum, d. h. der Leiche ziehen Diener, mit den Wachsmasken der Ahnen des Hauses angethan, voraus.

Die Veränderung nun, welche mit dem atrium zu Horaz' Zeit (novus ritus) vorging, bestand darin, daß es aufhörte, Familienwohnzimmer zu sein, und ein prunkvoller Empfangssaal wurde. Stellen, wie II 18, 3. 4 non trabes Hymettiae premunt columnas ultima recisas Africa und III 1, 45. 46 cur invidendis postibus et novo sublime ritu moliar atrium? zeigen, daß wir es nicht mehr mit einem atrium Tuscanicum*) zu thun haben. Zwar könnte man ebensowohl an das atrium tetrastylum*) denken als an das Corinthium**), denn jene trabes Hymettiae können ebensowohl von Wand zu Wand reichende Hauptbalken, als allein auf den Säulen ruhende Bindebalken (epistylia) sein. Aber wenn Vergil Aen. XII 474 von alta atria, I 725 ampla a., II 483 a. longa spricht und an der letzten Stelle und XII 477 Säulenhallen in dem atrium erwähnt, so wird man nicht glauben können, daß die invidendi postes bei Horaz auf die Zahl 4 sich beschränkt hätten. Demnach wird man sich für das Corinthium an jenen Stellen des Horaz entscheiden müssen.

Durch die Einführung der Säulen nun wurde das Atrium nicht bloß, wie Horaz hervorhebt, prächtiger und höher, sondern auch heller und luftiger.

Auch Decke und Fußboden des Atriums wurden jetzt prachtvoll ausgeschmückt. Ursprünglich war bei den Römern die Decke aller Zimmer flach (tectum) — wie ja auch später noch das atrium testudinatum ganz bedeckt war — dann lernten sie von den Griechen die gewölbte Decke (camera) kennen (S II 3, 273 cameram percusti), denn dies Wort ist ein griech. Lehnwort***).

---

*) Marquardt-Mau a. a. O. p. 237.
**) ib. p. 238.
***) O. Weise a. a. O. p. 196.

Für die im neuen Stil erbauten Atrien aber wurden kassettierte Decken (II 16, 11 laqueata tecta, II 18, 1. 2 non ebur neque aureum mea renidet in domo lacunar) verwandt, welche Vergil Aen. I 725 (vocemque per ampla volutant Atria; dependent lychni laquearibus aureis) ausdrücklich dem Atrium zuschreibt und deren Schmückung mit Elfenbein Seneca Q. N. I prol. 7 (lacunaria ebore fulgentia) bestätigt.

Der Fußboden bestand bei den Römern aus Estrich (pavimentum), indes hat man an der einzigen Stelle, wo Horaz dies Wort gebraucht, II 14, 27, wohl an die divitum pavimenta bei Sen. Q. N. I prol. § 7 zu denken, d. h. Mosaikfußböden, wie S II 4, 83 lapides varios radere palma und E I 10, 19 deterius Libycis olet aut nitet herba lapillis zeigen.

In diesen prächtigen Sälen war natürlich für die mannigfachen Bedürfnisse der Familie, für welche das Atrium bisher hatte ausreichen müssen, kein Platz mehr, daher legte man hinter dem alten Hause „einen von Seitengebäuden und bedeckten Säulengängen eingeschlossenen Garten (peristylium) an" *) und „Speise-, Schlaf- und Wohnzimmer, besonders aber Vorratskammern, Herd und Küche wurden in die ihn umgebenden Gebäude verlegt" (Marquardt-Mau a. a. O. p. 220).

Horaz hat den Namen peristylium nicht, doch kann kein andrer Raum gemeint sein, wenn er III 10, 5. 7 sagt: audis quo strepitu .. nemus inter pulchra satum tecta remugiat ventis und E I 10, 22 nempe inter varias nutritur silva columnas**). Die Erklärer beziehen falsch beide Stellen auf das Atrium, z. B. Kießling zu E I 10, 22: „wenn ihr zwischen den bunten Marmorsäulen des Impluviums Bäume pflanzt", ähnlich Krüger z. d. St., Schütz z. III 10, 5 „nemus Baumpflanzung

---

*) W. Lange, Das antike griechisch-römische Wohnhaus. Leipzig 1878, p. 101: „Der vom peristylium umschlossene Hof ist meistens zu einem Garten ausgebildet, in dessen Mitte sich ein Springbrunnen mit einem Bassin befindet."

**) II 15, 14—16 (nulla decempedis metata privatis opacam porticus excipiebat arcton) ist eine nach Norden zu offene Säulenhalle an einem Landhause gemeint.

auf dem geräumigen inneren Hofe (cavaedium)" *), Küster z. III 10, 5 „in dem hinter dem Atrium belegenen innern Hofe (cavaedium) des römischen Hauses befand sich ein Ziergärtchen (viridarium), das sich bei reichen Besitzern wohl gar zum Parke erweiterte". Wer so erklärt, hat sich nicht klar gemacht, ob ein H a i n im Atrium wachsen kann und ob er dahin g e h ö r t. Gegen eine solche Annahme spricht schon die öftere Erwähnung eines einzelnen Baumes im Atrium: Verg. Aen. II 512 aedibus in mediis nudoque sub aetheris axe Ingens ara fuit iuxtaque veterrima laurus Incumbens arae atque umbra complexa penatis, VII 59 Laurus erat tecti medio in penetralibus altis Sacra comam multosque metu servata per annos, Sueton. Octav. 92 Enatam inter iuncturas lapidum ante domum suam palmam in compluvium deorum penatium transtulit utque coalesceret magno opere curavit. Diese Stellen erzählen von etwas Außergewöhnlichem, und bei Horaz sollte der H a i n im Atrium etwas G e w ö h n l i c h e s sein?

Um das peristylium also liegen die Familienzimmer (S II 6, 113 conclave) und zwar sowohl Wohnzimmer (IV 4, 26 quid indoles nutrita faustis sub penetralibus posset) als Schlafzimmer (I 15, 16 thalamus, II 13, 6 penetralia sparsisse nocturno cruore hospitis). Daß hierher für gewöhnlich kein Fremder bringt, beweist das in der Verbindung penetralia Vestae E II 2, 114 wiederkehrende Wort penetralia. Diese Räume können durch K a m i n e erwärmt werden (S I 5, 81 udos cum foliis ramos urente camino, S II 3, 321 oleum adde camino), welche man höchstens im Sommer für überflüssig hält (E I 11, 19 facit quod . . . Sextili mense caminus).

---

*) Das impluvium findet sich nur im Atrium nach Marquardt-Mau a. a. O. p. 217, ib. p. 223: „sowohl Varro als Vitruv nennen den Hauptraum des Hauses bald cavum aedium, bald atrium. Denn es ist zwischen diesen Ausdrücken kein andrer Unterschied, als daß cavum aedium die Deckenöffnung (von Mau a. a. O., A. 4 sehr zweifelhaft genannt) bezeichnet, atrium aber in speciellem Sinn von der vollständig eingerichteten Halle vornehmer Häuser verstanden werden kann." Overbeck, Pompeji⁸, p. 223: „nach der Auffassung der andern, welche wahrscheinlich die richtigere ist, identifizieren sie Atrium und Cavädium", cf. Forbiger a. a. O. p. 254, A. 33.

Von den um das peristylium liegenden Wirtschaftsräumen erwähnt Horaz die Küche (culina vetus S I 5, 73 cf. ib. 38) und den Lagerraum für den Wein (cellae*) avitae I 37, 6, deripere horreo III 28, 7, apotheca S II 5, 7). Letzterer befand sich im Oberstock, wie z. B. aus III 8, 11 fumum bibere institutae hervorgeht. Denn einen Oberstock kennt Horaz: er erwähnt die Treppe**) (E II 2, 15 in scalis latuit) und die cenacula (E I 1, 91), welche nach den bei Nissen, Pompejanische Studien, p. 601, angeführten Beweisstellen (bes. Fest. ep. p. 54 coenacula dicuntur, ad quae scalis ascenditur, Gloss. Labb. coenaculum ὑπερῷον) nicht als Speisezimmer, sondern allgemein als Zimmer des Oberstockes zu fassen sind. Hier sind sie an Arme vermietet (a. a. O. quid pauper? ride: mutat cenacula), eine Verwendung der Zimmer, welche uns auch aus Suet. Vitell. c. 7 bekannt ist: uxore et liberis meritorio cenaculo abditis***).

Das Haus des ländlichen Besitzers ist in manchen Punkten von dem Stadthause verschieden. Da dürfen die Ställe (stabula I 4, 3), Scheuern (horreum proprium I 1, 9, doch wird damit auch der städtische Lagerraum des Kaufmanns bezeichnet, z. B. IV 12, 18 horrea Sulpicia), Getreidespeicher (granaria S I 1, 53) oder für Leute in bescheideneren Verhältnissen Getreidekörbe (cumerae†) S I 1, 53, cumera frumenti E I 7, 30) nicht fehlen.

---

*) Dagegen bezeichnet cella angusta S I 8, 8 die enge Sklavenzelle.
**) Nissen, Pompejanische Studien, p. 602: „Die Treppe ist im Grunde nur eine einfache Leiter: die Alten vermochten beide Begriffe so wenig zu trennen, daß ihnen unterscheidende Benennungen gänzlich fehlen (κλῖμαξ, scalae), oder richtiger, die Ausbildung der Treppe in unserem Sinn gehört überhaupt erst der Neuzeit an."
***) Über römische Mietswohnungen cf. R. Pöhlmann, Die Übervölkerung der antiken Großstädte im Zusammenhange mit der Gesamtentwickelung städtischer Civilisation dargestellt. Leipzig 1884, p. 96 ff., 108 ff.
†) De vasculis libellus ex Bayfio decerptus Parisiis 1536 p. 55 „Cumera (inquit Acron) vas ingens vimineum vel fictile, in quo frumenta conduntur".